Johannes Czwalina

Was ich anders machen würde ...

Johannes Czwalina

Was ich anders machen würde …

Lebens»wert« leben

Mit einem Beitrag von Dr. Andreas Lukas
»Die Entdeckung der Langsamkeit oder
die Wiedereroberung der Zeit«

Mit Aquarellen von Franz Somm

Frankfurter Allgemeine Buch

Titelbild:
Nach einem Aquarell von Franz Somm

Die Deutsche Bibliothek – CIP-Einheitsaufnahme

Ein Titeldatensatz für diese Publikation ist bei
Der Deutschen Bibliothek erhältlich

Frankfurter Allgemeine Zeitung
Verlagsbereich Buch

Umschlaggestaltung: F.A.Z.-Marketing/Grafik
Herstellung: Druck & Beratung E. Schäfermeyer, Hanau
Erste Auflage 2002

ISBN 3-89843-064-2

Ich würde sicher vieles anders machen, aber ob es besser wäre, vermag ich nicht zu sagen. Ob ich etwas gemacht habe, auf das ich mich berufen könnte, daß es nützlich für Dritte war, können nur die anderen Menschen beurteilen. Sicher weiß ich nur, daß ich mich viel zu wenig um meine Familie gekümmert habe. Dies ist etwas, das ich mit Sicherheit anders machen würde.

Dr. Ignatz Bubis

Ehemaliger Vorsitzender des Zentralrates der Juden in Deutschland, Frankfurt am Main, geboren 1927, gestorben am 13. August 1999; in einem Brief an den Autor vom 5. Oktober 1998.

Vorwort

Vor einigen Jahren begegnete ich im Foyer eines Berliner Hotels dem Geschäftsführer eines weltweiten Elektronikkonzerns. Als ich ihn beiläufig fragte, welche Träume er als Kind hatte, welche er davon in seinem Leben erfüllen konnte und welche Träume er noch heute habe, wurde er plötzlich schweigsam und fing zunächst leise, dann ganz laut an zu schluchzen, so daß Gäste des Hotels sich verwundert umdrehten. Nachdem er seine Fassung wiedergefunden hatte, sagte er: »Als Sie diese Frage stellten, lief vor meinen Augen wie ein Film mein Leben ab, und ich realisierte, wie wenig von meinen Träumen und Hoffnungen in Erfüllung gegangen waren, wieviel ich versäumt habe, was ich alles nicht mehr nachholen kann, und wieviel ich unterlassen habe.« – Ich ging an diesem Abend betroffen nach Hause. Die Verletzbarkeit dieses Mannes hatte mich tief beeindruckt. Wir verloren uns nach dieser Begegnung aus den Augen. Vergessen habe ich ihn aber nie. Jahre später läutete das Telefon: »Erinnern Sie sich noch an Berlin, als Sie mir die Frage im Hotel stellten und ich zu weinen begann?« Auch er hatte diese Begegnung nie vergessen.

In Gesprächen mit Menschen spüren wir manchmal einen Anflug von Wehmut, wenn diese von ihrer Vergangenheit sprechen und dabei plötzlich realisieren, daß sie gelebte Jahre nicht mehr zurückholen können – wenn sie erkennen, daß sie zuviel Kraft in ihr berufliches Vorwärtskommen gesteckt oder zuwenig Zeit ihren Kindern gewidmet haben (die längst alle aus dem Blickfeld sind und sich nur noch selten melden) – wenn ihnen bewußt wird, wie wenig sie ihre Freiheit ausgekostet oder wie wenig sie in entscheidenden Momenten Zivilcourage und Mut bewiesen haben. Es ist selten, daß man durch derart geöffnete Fenster in die Seele eines Menschen für einen Augenblick hineinschauen kann. Manchmal geschieht das durch ein schamvolles Erröten oder durch einen »Freudschen« Versprecher oder durch eine schnell weggewischte Träne. Diese geöffneten Fenster lassen uns bisweilen mehr »pures« Leben erkennen als soviel Gescheites, Intelligentes und scheinbar Nützliches unserer modernen Gesellschaft, das manchmal nur dazu geeignet ist, jegliche Spontaneität und lebensfrohe Unbefangenheit solange zu brechen, bis sie in die tristen Schubladen von organisierten Prozessen passen, die alles auf eine utilitaristische Daseinsberechtigung reduzieren.

Auf der Suche nach »geöffneten Fenstern« habe ich meine Frage im Foyer des Berliner Hotels auch anderen Menschen in etwas abgewandelter Form gestellt: »*Was würden Sie (anders) machen, wenn Sie noch einmal von vorne anfangen könnten?*«

Ich war erstaunt, daß ein Teil der Befragten verblüfft reagierte, weil sie mit dieser Frage nicht gerechnet hatten, ein anderer Teil aber bereitwillig ganz offen Auskunft gab. Die Antworten fielen in ihrer Summe anders aus, als ich es erwartet hatte, und widersprachen letztlich in vielem dem, was meiner Generation in jungen Jahren als erstrebenswerte Ziele für ein glückliches Leben anerzogen worden war. Macht, berufliche Karriere und Reichtum als Ziele verblaßten rückblikkend und stellten sich als Enttäuschung heraus, als unbeständig und nicht als erstrebenswert. In der Retrospektive bedauerten viele sogar, daß sie sich Lebensfreude, Begeisterungsfähigkeit, Gefühl und Mitgefühl hatten rauben lassen, weil ihr Erfolg Unsensibilität und Robustheit erforderte.

Ich habe aber auch einige glückliche Menschen getroffen. Unter ihnen gab es Behinderte oder solche, die ein Schicksal zu tragen hatten oder denen geschäftlicher Erfolg zeitlebens nicht vergönnt war. Ich wollte herausfinden, warum sie sich trotzdem als glücklich bezeichneten. Ich habe junge Menschen angesprochen, die mich beeindruckt haben. Ich fragte einen jungen, sehr begabten Banker, den ich für die Eignung einer Führungsaufgabe testen mußte: »Was sind ihre wichtigsten Ziele?« Er überlegte ziemlich lange und sagte dann: »Ich sitze eines Tages als alter Mann auf der Bank vor meinem Haus, und ein kleines Mädchen kommt vorbei und fragt mich: ›Alter Mann, warum hast Du gelebt?‹ Ich möchte ihm so antworten können, daß es nach der Begegnung weiterläuft und denkt: ›Es war für andere Menschen nicht egal, daß dieser Mensch gelebt hat.‹«

So will dieses Buch zum Nachdenken anregen, dem nachzuspüren, was unser Leben lebenswert macht. Gerade die sehr unterschiedlichen Antworten auf die Frage: »Was würde ich anders machen, wenn ich noch einmal leben könnte?« geben uns die Chance, in dem Geschriebenen uns selbst wiederzufinden. Diese Antworten und einige Kommentare dazu sind mit der Absicht zusammengestellt, daß man sich diese Frage »Was würde ich anders machen, wenn ich noch einmal von vorne anfangen könnte?« nicht erst stellen sollte, wenn man alt ist.

Dieses Buch ist für jedermann geschrieben: Für Junge und Alte, für Erfolglose und Erfolgreiche (für die ganz besonders). Es will den harten Boden auflockern und Mut machen, die eigene Identität nicht loszulassen oder diese wiederzufinden, damit wir auf unsere persönliche Zukunft, eine Zukunft des Älterwerdens, mit Zuversicht blicken können.

Riehen, im November 2001 Johannes Czwalina

Inhalt

Leben

Mehr Genießen

Wenn ich mein Leben noch einmal leben dürfte,
würde ich viel mehr Fehler machen.
Ich würde mehr entspannen.
Ich würde viel verrückter sein als in diesem Leben.
Ich würde mehr Risiken eingehen.
Ich wüßte nur sehr wenige Dinge, die ich wirklich sehr ernst nehmen würde.
Ich würde mehr reisen, Berge besteigen, Flüsse durchschwimmen
und mehr Sonnenuntergänge betrachten.
Ich würde mehr Eis und weniger Salat essen.
Ich hätte mehr echte Probleme und weniger eingebildete.
Sehen Sie, ich bin einer dieser Menschen, die immer vorausschauend und vernünftig leben, Stunde um Stunde, Tag für Tag.
O ja, es gab schöne Momente, und wenn ich noch einmal leben dürfte, hätte ich mehr davon.
Ich würde eigentlich nur noch welche haben. Nur schöne, einen nach dem andern.
Wenn ich mein Leben noch einmal leben dürfte, würde ich bei der ersten Frühlingssonne barfuß gehen und vor dem Spätherbst nicht damit aufhören.
Ich würde vieles einfach schwänzen.
Ich würde mehr Achterbahn fahren.
Ich würde öfter in der Sonne liegen.

Mehr Wachheit

Nur selten erleben wir noch, daß uns eine Melodie ergreift, ein Gesicht bewegt, der Flug der Wolken berührt, daß es Erfahrungen anderer Art gibt, welche die Höhepunkte unseres Lebens ausmachen. Wir müssen diese Kultur wiedergewinnen und wieder zu singen anfangen, das mehr als Musizieren ist, ja Sinndeutungen des Lebens aus tiefen Quellen meint, die bis zum Glauben reichen.

Ich würde dem jeweiligen Augenblick mehr Aufmerksamkeit widmen.
Ich würde einen festen Glauben an Fügungen zu entwickeln suchen.
Ich würde konsequenter als bisher meine religiösen Überzeugungen öffentlich vertreten.
Ich würde meinen Willen deutlicher artikulieren.
Ich würde mich und meine eigenen Gaben kräftiger bejahen.
Ich würde meinem Schönheitssinn erkennbarer nachkommen.
Ich würde mehr als bisher meinem Instinkt folgen.
Ich würde Leiden und Sterben sowie der Minderung meines Ansehens nicht aus dem Wege zu gehen suchen.

Erich Kock
Schriftsteller, geboren 1925; in einem Brief an den Autor vom 15. September 1998.

Ich würde selbstkritischer sowie ziel- und verantwortungsbewußter als bisher leben und mich noch mehr den Mitmenschen zuwenden. Das heißt: Ich würde mich öfter als bisher fragen: Wer bin ich, wo stehe ich, und wohin geht die Reise? Hin und wieder würde ich versuchen, mich mit den Augen der Mitmenschen zu sehen, wichtige Entscheide im persönlichen und beruflichen Leben würde ich sorgfältiger vorbereiten und tiefsinniger bedenken, aber auch eher bereit sein, Fehler zu korrigieren.

Ich würde versuchen, offener und umfassender zu kommunizieren. Im persönlichen Umfeld würde ich Wünsche, Sorgen und Schwächen frei aussprechen, aber auch ernsthaft entgegennehmen. Im beruflichen Umfeld würde ich mehr anregen und motivieren als dozieren und vorschreiben.

Hans Rudolf Striebel

Physikprofessor an der Universität Basel, Regierungsrat, Erziehungsdepartement a.D., geboren 1930; in einem Brief an den Autor vom 14. November 1998.

Wenn ich über mein Leben nachdenke, sehe ich einen Film. Die Realitäten auf der Leinwand sind im Abstand zu mir, zu meiner Vergangenheit. Das Drehbuch zu meinem Leben, eine spannende Dramaturgie. Aus den vielen Szenen und Schnitten mein Resümee: Leben ist Erlebnis. Ohne Minus kein Plus. Weil ich tiefstes Minus durchlitten habe, schätzte ich das Plus doppelt. Zufriedenheit, Eltern, Familie, Freunde, ein Beruf als Berufung, Menschen, die mir geholfen haben – Dankbarkeit für dieses Glück.

Noch einmal leben? – Würde es sich lohnen?

Wolfgang Heine

Kameramann der ARD, geboren 1925; in einem Brief an den Autor vom 20. Oktober 1998. Er begleitete als Kameramann die Deutschen Bundeskanzler von Konrad Adenauer bis Helmut Schmidt.

Viel zu wenig habe ich von dem riesigen Angebot an Wissen Gebrauch gemacht. Schon in jüngeren Jahren würde ich größere Phasen der Introversion in den Alltag einplanen und allzu einseitige eigene Ansichten hinterfragen.

Dr. iur. Wolfgang Baumann

Privatbankier in Basel, geboren 1932; in einem Brief an den Autor vom 8. Oktober 1998.

Mein bester Freund öffnete die Kommodenschublade seiner Ehefrau und holte ein in Seidenpapier verpacktes Päckchen heraus. Es war nicht irgendein Päckchen, sondern ein Päckchen mit Unterwäsche darin. Er warf das Papier weg und betrachtete die Seide und die Spitze. »Dies kaufte ich, als wir zum ersten Mal in New York waren. Das ist jetzt acht oder neun Jahre her. Sie trug es nie. Sie wollte es für eine besondere Gelegenheit aufbewahren. Und jetzt, glaube ich, ist der richtige Moment gekommen!«

Er näherte sich dem Bett und legte die Unterwäsche zu den anderen Sachen, die von dem Bestattungsinstitut mitgenommen wurden. Seine Frau war gestorben.

Als er sich zu mir umdrehte, sagte er: »Bewahre nichts für einen besonderen Anlaß auf!« Jeder Tag, den du lebst, ist ein besonderer Anlaß. Ich denke immer noch an diese Worte – sie haben mein Leben verändert.

Heute lese ich viel mehr als früher und putze weniger. Ich setze mich auf meine Terrasse und genieße die Landschaft, ohne auf das Unkraut im Garten zu achten.

Ich verbringe mehr Zeit mit meiner Familie und meinen Freunden und weniger Zeit bei der Arbeit. Ich habe begriffen, daß das Leben eine Sammlung von Erfahrungen ist, die es zu schätzen gilt.

Von jetzt an bewahre ich nichts mehr auf. Ich benutze täglich meine Kristallgläser. Wenn mir danach ist, trage ich meine neue Jacke, um in den Supermarkt zu gehen. Auch meine Lieblingsdüfte trage ich dann auf, wenn ich Lust habe.

Sätze wie z.B. »Eines Tages…« oder »An einem dieser Tage…« sind dabei, aus meinem Vokabular verbannt zu werden. Wenn es sich lohnt, will ich die Dinge hier und jetzt sehen, hören und machen. Ich bin mir nicht ganz sicher, was die Frau meines Freundes gemacht hätte, wenn sie gewußt hätte, daß sie morgen nicht mehr sein wird (ein Morgen, das wir oft zu leicht nehmen).

Ich glaube, daß sie noch ihre Familie und engen Freunde angerufen hätte. Vielleicht hätte sie auch ein paar alte Freunde angerufen, um sich zu versöhnen oder sich für alte Streitigkeiten zu entschuldigen. Der Gedanke, daß sie vielleicht noch chinesisch essen gegangen wäre (ihre Lieblingsküche), gefällt mir sehr.

Es sind diese kleinen unerledigten Dinge, die mich sehr stören würden, wenn ich wüßte, daß meine Tage gezählt sind. Genervt wäre ich auch, gewisse Freunde nicht mehr gesehen zu haben, mit denen ich mich »an einem dieser Tage« in Verbindung hätte setzen sollen. Genervt, nicht die Briefe geschrieben zu haben, die ich »an einem dieser Tage« schreiben wollte. Genervt, meinen Nächsten nicht oft genug gesagt zu haben, wie sehr ich sie liebe. Jetzt verpasse, verschiebe und bewahre ich nichts mehr, was uns Freude und Lächeln in unser Leben bringen könnte. Ich sage mir, daß jeder Tag etwas Besonderes ist. Jeder Tag, jede Stunde sowie jede Minute ist etwas Besonderes.

NN

Von Katharina Starlay an den Autor am 10. Juli 2001 per E-Mail weitergeleiteter Rundbrief.

Jeder Tag ist ein kleiner Schritt von einem großen, und es ist spannend, daß man oft nicht weiß, wohin er einen führt. Darum sollst du die Feinheiten spüren lernen. Gerade die kleinen Dinge ermöglichen es dir letztlich, auch die Schönheiten des Lebens zu sehen. Das ist viel wichtiger als all die anderen Werte, von denen du meinst, du müßtest ihnen im Leben nachrennen: Liebe gegen Geld.

Wahrheit und Ehrlichkeit beschränken sich immer auf einen kleinen, einfachen Punkt: auf den Moment, wo das Herz offen ist für das Schöne, Kleine, Einfache.

Kurt Weidmann

Berufsfischer, 50, drei Kinder; aus einem Beitrag im Tagesanzeiger, Das Magazin Nr. 30., 29. Juli – 4. August 2000: »Die Werte der Schweiz«.

Wenn ich noch einmal leben könnte, würde ich mich mehr auf meine Intuition, meinen Instinkt verlassen und dem Verstand weniger Bedeutung in meinen Entscheidungen einräumen als bisher. Es braucht Souveränität und Mut, um zu seinem Gefühl zu stehen und es dabei nicht erklären zu müssen. Persönliche

Krisen haben mir bewußt gemacht, daß bereits die Abwesenheit von Unglück sehr großes Glück bedeutet. Aus dieser Erkenntnis heraus würde ich schöne Momente, den inneren Frieden und einfach anspruchslos mit anderen Menschen verbrachte Zeit mit mehr Dankbarkeit würdigen, ohne mich vom Gedanken an das nächste treiben zu lassen. Ich wünsche mir früher im Leben das Selbstverständnis, die Klarheit und Konzentration, die uns zwischenmenschliche und spirituelle Qualität erleben läßt.

Katharina Starlay

Unternehmensberaterin Basel, geboren 1966; in einem Brief an den Autor im März 2001.

Er hat mich angerufen und mir gesagt, daß es im Turm gegenüber eine Explosion gab. Er wußte nicht, ob es ein Flugzeug oder eine Bombe war. Er sagte zu mir: »Es herrscht gegenüber das totale Chaos. Ich sehe, wie Leute aus dem Gebäude springen. Es ist furchtbar«. Dann hat er aufgelegt. Zwei Minuten nach unserem Gespräch ist das zweite Flugzeug in den Südtower gerast. Ich habe versucht, ihn anzurufen. Doch die Leitung war tot. Jeden Morgen suchte ich die Krankenhäuser nach ihm ab. Wenn ich durch die Straßen laufe, glaube ich manchmal, ihn zu sehen. Wir hatten unser Leben bereits zusammen geplant. Und jetzt hatte ich noch nicht einmal die Chance, ihm Goodbye zu sagen.

Rachel Uchitel

Angestellte bei Bloomberg, New York, geboren 1975; in einem persönlichen Gespräch mit dem Autor am 23. September 2001. Ihr Foto ging durch die ganze Welt: Das Gesicht der 26jährigen Rachel Uchitel, die verzweifelt tagelang vor den Trümmern des World Trade Center von New York nach ihrem Verlobten Andrew O'Grady, Manager des Investmenthauses Sander O'Neill, Ausschau hält.

Mehr Kindsein

In den vergangenen Jahren bin ich einigen Menschen begegnet, die im Druck des Berufslebens leichtfertig ursprünglich auf Langfristigkeit ausgelegte Träume gegen kurzfristigen Erfolg eintauschen. Sie handeln genauso, wie Erich Kästner es formuliert hat: »Die meisten Menschen legen ihre Kindheit ab wie einen alten Hut. Sie vergessen sie wie eine Telefonnummer, die nicht mehr gilt. Früher waren sie Kinder, dann wurden sie Erwachsene, aber was sind sie nun?«

Während in unserem Arbeitsumfeld die Suche nach dem Sinn immer auf die Frage nach dem kurzfristigen, materiellen Nutzen reduziert wird, sehen Kinder das Ganze aus einem anderen Blickwinkel. Es lohnt sich, dies einmal genauer zu betrachten.

Wenn Kinder nach dem Sinn fragen, gehen sie immer auf das Woher, das Wohin, das Wofür und das Warum ein. Wir Erwachsenen sind einem Reduktionismus zum Opfer gefallen. Denn die Fragen: Woher?, Wohin?, Wofür? und Warum? greifen weiter als die Frage nach der Nützlichkeit.

Denken wir nur an die vielen Fragen unserer eigenen Kinder, die mit »Wozu?« und »Warum?« beginnen. Wie viele stellten eines Tages ihre Fragen ein, nicht weil die Fragen beantwortet wurden, sondern weil sie gelernt hatten, daß die Erwachsenen diese Fragen meistens nur beantworten, wenn sich das »Wozu?« auf überschaubare Grundbedürfnisse bezieht. Beispiel: »Wozu muß ich denn in die Schule gehen?« Antwort: »Damit du später einen Beruf hast und Geld verdienen kannst.«

Eines Nachts stellte mir mein Sohn bei einem Abendspaziergang unvermittelt die Frage: »Papa, warum ist unser Leben so kurz, und warum geht es so schnell vorbei? Wozu sind wir auf dieser Welt? Was ist der Sinn, geboren zu werden, wenn wir wieder sterben müssen?«

Ich habe mir in meinem Leben zu wenig Zeit für das Spielen genommen. Es ist mein Wunsch, daß mir meine Enkelkinder helfen, auch im Alltag »spielende« Erfahrungen zu machen.

Albrecht Fürst zu Castell-Castell

Privatbankier Castell/Unterfranken, geboren 1925; in einem Brief an den Autor vom 24. November 1998.

Julian, du kannst schon heute etwas, was kaum einer der »lebenstauglichen« Erwachsenen noch wirklich kann: spielen. Nur wer spielen kann, kann auch Neues erfinden. Verliere darum nie diese wunderbare Fähigkeit und die Freude daran. Bleibe ein Spieler, solange es geht.

Ursula Wyss

Nationalrätin und WWF-Projektleiterin, 27; aus einem Beitrag im Tagesanzeiger, Das Magazin Nr. 30., 29. Juli – 4. August 2000: »Die Werte der Schweiz«.

Wärme

Mehr Liebe

Im modernen Kapitalismus wird nicht mehr die Frage gestellt: Wer braucht mich? Unserer System strahlt Gleichgültigkeit aus. Solidarität und Gemeinschaftssinn fehlen in unserer Kultur. Wenn jeder für sich selbst sorgt, ist dann wirklich für alle gesorgt?

Für viele Menschen gilt: Der Stärkere ist der Bessere. Ich glaube nicht an diese »Wahrheit«. Der Liebesfähigere ist der Bessere, und er erwirtschaftet die langfristig besseren Resultate. Am Egoismus nämlich und nicht an der fehlenden Intelligenz scheitern langfristig die meisten Vorhaben. Ohne Liebe bleiben wir abhängig von unserem Egoismus. Nur Liebe kann die Abhängigkeit, in welche uns Egoismus führt, durchbrechen.

Menschen, deren »emotionaler Tank« gefüllt ist, die sich selbst als wertvoll betrachten können und die in ihrem Leben Solidarität und Gemeinschaftssinn schon in ihrer Kindheit erfahren haben, sind besonders geeignet, anderen Wertschätzung zu vermitteln und in diesem Sinne Liebe weiterzugeben. Diese Menschen können andere führen, und sie sind widerstandsfähig. Nur wer sich selbst geliebt weiß, kann Liebe weitergeben, nur wer sich selbst geführt weiß, kann andere führen, nur wessen eigenes Maß gefüllt wurde, kann maßvoll leben. In diesem Sinne ist Liebe das einzig begrenzende Prinzip gegenüber Habgier und Maßlosigkeit.

Für viele ist Liebe ein Gefühl. Oft warten sie aber vergeblich auf das gute Gefühl. Wir müssen lernen, die Betrachtung umzudrehen: Gefühl ist keine Voraussetzung, sondern im Grunde genommen eine Konsequenz aus Liebe, die sich als Handlung versteht. Unsere Sprache ist an dieser Stelle eindeutig: »Lieben« ist ein Verb, d.h. ein Tätigkeitswort. Liebe ist also vielmehr eine Haltung, welche einen Menschen über gute Vorsätze hinaus motiviert, das Anliegen eines anderen Menschen ohne Gleichgültigkeit zu bemerken und mit innerer Anteilnahme anzugehen. Liebe hat auch etwas zu tun mit Annahme ohne Leistung. Liebe ist etwas, was sich jenseits des Kosten-Nutzen-Denkens abspielt. Liebe hat nichts mit Bedingungen zu tun. Liebe kann man nur umschreiben.

Liebe ist im Geschäftsleben tabu, aber wo man sie auch im Geschäftsleben findet, wo sie im Verborgenen wirkt, da hat sie immer einen positiven Einfluß. Zuwendung im unternehmerischen Alltag kann Wunder bewirken und ist eine ganz einfache, natürliche Art, ohne finanzielle Aufwendungen viel zu erreichen. Wieviel Ermutigung kann schon eine aufmunternde Geste oder ein ernstgemeintes Kompliment bewirken.

Viele könnten auf Privilegien verzichten und wären eher bereit, Opfer zu bringen, wenn der Chef ihnen einmal mitteilen würde, daß ihr Leben und Schicksal ihm nicht egal sind, daß er ein Interesse an ihrem persönlichen Wohlergehen hat, und wenn er einmal über seine Lippen bringt: »Schön, daß Sie bei uns sind!« Letztlich sind es die zufriedenen Mitarbeiter, die zufriedene Kunden kreieren.

Zuwendung erhält man, indem man sie gibt. Aber man möchte sie nicht immer geben, weil man trotz des Gefühls des Mangels an Zuwendung auch bisweilen Angst vor Zuwendung hat. Man ist mißtrauisch, ob damit versteckte Hintergedanken verbunden sind. Viele bekennen in den Beratungsgesprächen ein großes Vakuum an Anerkennung. Das einzige Lob, von dem sie oft leben, ist das Ausbleiben von Tadel.

Ein alter Mann fragte mich einmal vor Jahren, ob ich wüßte, was auf einem Grabstein steht. Ich antwortete: »Der Name, das Datum der Geburt und das Datum des Todes.« Er sagte dann, ich hätte noch etwas vergessen. Zwischen dem Geburts- und Todesdatum sei nämlich meistens ein Strich. Und er fuhr fort: »Wenn wir in unserem Leben keine Liebe gelernt haben, dann ist unser Leben nicht mehr als dieser Strich zwischen zwei Daten gewesen.« Solche Leute würde er nicht beneiden.

Macht, große Autos, exotische Urlaube, Sex, Haus, Wohlstand, Altersversorgung etc. stellen Wege und Mittel dar, aber keine Ziele. Welches Ziel aber haben wir, und welche Bedeutung haben unsere Ziele, wenn wir beispielsweise wüßten, daß wir nur noch einen Monat zu leben hätten? Jemand, der großen Erfolg im Leben hatte, aber keine anderen Werte lernte, hat versagt. Der Sinn unseres Lebens besteht letztlich nicht darin, große Industriekomplexe oder Handelszentren aufzubauen, Naturwissenschaften, Geschichte, Philosophie oder Theologie zu erlernen, große Veranstaltungen durchzuführen oder Bücher zu veröffentlichen. Der Sinn des Lebens besteht darin, Liebe zu erlernen. Jemand, der Erfolg hat, das andere aber nicht gelernt hat, ist in meinen Augen wirklich gescheitert. Und wenn jemand in seinem Leben durch viele Niederlagen gegangen ist, aber Liebe gelernt hat, so war sein Leben trotzdem kein gescheitertes Leben.

Ein Marktsystem, das Menschen keine Vision mehr vermittelt, wie wichtig es ist, sich umeinander zu kümmern und füreinander da zu sein, hat langfristig seine Legitimität verloren.

Sicherlich, es wäre schön, noch einmal von vorne anzufangen, ohne all die schmerzhaften Enttäuschungen, Erlebnisse und Krankheiten. Wenn ich »perfekt« wäre, hätte ich das alles vermeiden können, habe ich so oft gedacht.

Aber eben, ich bin nicht »perfekt« auf diese Erde gekommen. Wir sind wohl in dieses Leben gestellt, um zu lernen, genauer hinzuschauen und aus Fehlern zu lernen mit dem Ziel, heiler zu werden.

1974, nach einer Sonntagspredigt zum Thema »Liebe Deinen Nächsten wie Dich selbst«, gab es eine heftige Diskussion zwischen meiner Schwiegermutter und meinem Mann. Sie meinte, es müsse wohl ein Irrtum vorliegen, wenn in der Bibel steht, man solle sich selbst lieben. Für sie sei das der krasseste Egoismus. Ihr Sohn dagegen sagte, daß er sich selbst sehr liebe, denn er sei ja sowieso besser und intelligenter als alle anderen. Ich blieb etwas perplex in der Runde. Diese Aussagen gingen mir nicht mehr aus dem Sinn, und ich habe das zum Anlaß genommen, über das Thema »Liebe« nachzuforschen – jahrelang.

Immerhin habe ich dazugelernt: vor allem, daß ich Liebe nicht aus Büchern lernen kann, sondern sie leben muß. Bücher zu diesem Thema sind Denkanstöße, aber mitten im Leben unter Egoisten lieben lernen, ist eine andere Geschichte.

So konnte ich am Verständnis für mich selbst und für andere arbeiten. Ich versuche mich selbst nicht mehr zu bedauern, noch zu verurteilen. Aber es fällt mir immer noch schwer, denn es gibt viele Sachen, die mir nicht so einfach in den Kram passen.

Gisela de Kostine

Geboren 1935; in einem Brief an den Autor vom 11. Juli 1999.

In meinem Leben habe ich mich darüber gefreut, was mir andere Menschen an Liebe entgegengebracht haben. Gelegentlich habe ich auch mehr erwartet und erhofft an Liebe und Zuneigung, als mir tatsächlich entgegengebracht worden ist.

Rückblickend habe ich erkannt, daß ich selber den Menschen, die mit mir in Kontakt gekommen sind, oft zu wenig Anteilnahme und Liebe geschenkt habe, und daß ich diesbezüglich mein Leben anders hätte führen müssen.

Das Tröstliche an dieser Erkenntnis liegt darin, daß es immer noch Möglichkeiten gibt, die begangenen Unterlassungen nachzuholen, soweit die betroffenen Personen nicht zwischenzeitlich verstorben sind.

Dr. Bernhard Gelzer

Anwalt und Notar, Basel, geboren 1928; in einem Brief an den Autor vom 15. September 1998.

Vergiß die Liebe nicht!

Danielle Kousoulis

Mit diesem Satz meldete sich Danielle Kousoulis am 11. September 2001 bei ihrem Liebsten Chris Mills, der mit seinem Handy hilflos vor dem nördlichen Tower des World Trade Center stand, in dem sie im 104. Stock gefangen war; in: Stern, Nr. 39, 20. September 2001, S. 200.

Ich wünschte mir kein anderes Schicksal. Ich wünschte mir aber mehr Kraft zum Lieben und zum Mitleiden.

Das ist es, was der Mangel in meinem Leben war, das ist es, was ich bereue, nicht radikaler praktiziert zu haben, wenn ich auf mein Leben zurückblicke. Ich denke oft darüber nach, daß in unserer Welt eine Hungersnot nach Liebe herrscht. Würde dieser Hunger gestillt, dann würde kein ungeborenes Kind abgelehnt, keine Kinder würden mißachtet und mißbraucht werden. Statt dessen würden Kinder wieder in Hoffnung erwartet, aufgenommen und zum Guten geleitet werden.

Am Tisch der Eltern würden Kinder Liebe erfahren und empfangen als die Kraft, die bleibt und aus welcher Weisheit und Freude kommt. Nie würde das Geld an erster Stelle stehen, keine Machtkämpfe würden mehr Menschen manipulieren, nirgendwo würden Bomben gebaut oder gar abgeworfen werden. Die Reichtümer der Erde würde man zum Wohl der Schwächsten verwenden. Liebe würde den Kreislauf der Familien und Völker bestimmen.

So wünsche ich mir, »im Lieben« besser zu werden und mich darin zu bewähren.

Ursula Toaspern

Mutter von sieben Kindern, Pfarrfrau, Hohenneuendorf bei Berlin; in einem Brief an den Autor vom November 1998.

Mich dünkt, alles Schwierige, Dunkle, jeder Verzicht, jedes Opfer, manch Ungutes und uns zugefügter Schmerz, aber auch alles, was uns an Liebe, an Verständnis, an Güte begegnete und jeden Tag aufs neue begegnet und geschenkt wird, ist doch dieses einmalige Leben, ist unser ganz persönlicher Weg.

Wenn ich noch einmal leben könnte, würde ich meinen Mitmenschen noch viel mehr Liebe, Vertrauen, Geduld und verzeihendes Verständnis entgegenbringen. Aber dieser Wunsch und diese Sicht ist ja gewachsen in langen Jahren zur Reife hin.

Vera Binz

Kindergärtnerin Basel, geboren 1919; in einem Gespräch mit dem Autor im Dezember 1998.

Ich bin an einem Sonntagnachmittag auf die Welt gekommen und war auch im volkstümlichen Sinne ein Sonntagskind: gute Eltern, eine liebe Frau, Kinder und Enkelkinder, ein Beruf, der sich immer mehr zu einer erfüllenden Tätigkeit entwickelte. Kurz, ein reiches Leben.

Fragen tauchen auf. War alles nur eine glückliche Fügung? Habe ich dazu auch etwas beigetragen?

Gewiß war das Leben nicht immer so problemlos, wie diese ersten Zeilen vermuten lassen. Schwere berufliche Veränderungen mußten erkämpft werden und waren von Zweifeln und Ängsten begleitet. Soll ich nur logisch, klar, realistisch entscheiden, muß ich die unguten Gefühle im Bauch verdrängen?

Heute, 75jährig, kann ich die Frage nach meinem Beitrag unschwer beantworten. Ich war »schwach« genug, mich in den entscheidenden Phasen meines Lebens von meinen Gefühlen leiten zu lassen. Mit dieser Erkenntnis würde ich denselben Lebensweg mit weniger Seelenkämpfen begehen ... vielleicht!

Pierre Fornallaz

Prof. em. Dipl. Ing. ETH, Schweiz, geboren 1924; in einem Brief an den Autor vom 15. Juni 1999.

Mehr Familie

Im Verbundsystem von Ehe, Partnerschaft und Familie gibt es Lernprozesse, die sonst nirgendwo auf der Welt in dieser tiefgreifenden Form ablaufen: Wo lernen Kinder sonst Dinge wie soziales Verhalten, Verantwortungsübernahme, Verzicht, Rücksichtnahme, Nächstenliebe, Arbeitsteilung, Teamarbeit, Sorgfalt und Gewissensbildung?

Wann immer ein Unternehmer in seinem Betrieb junge Leute einstellt, greift er auf Fähigkeiten, innere Einstellungen und Charaktereigenschaften zurück, die diese jungen Leute aus ihrer Familie mit sich bringen. Die Qualität unserer Familien bestimmt in gewisser Weise auch die Produktivität unserer Berufswelt. Die Frage lautet: Was soll eine Elite, die sich selbst nicht mehr reproduziert? Auch wenn eine erfolgreiche Karriere nach Verzicht auf Familie schreit, schaffen wir so mit der Lösung des einen Problems ein neues.

Sind Familie und Beruf heute nicht mehr zu vereinen? Immer häufiger stellen sich Menschen auf diesen Trend so ein, daß sie entweder zugunsten der Karriereentwicklung auf familiäres Glück verzichten oder zugunsten familiärer Prioritäten auf einen Karriereschritt. Die Mehrheit nimmt familiäre Zerrüttung, Scheidung etc. in Kauf, weil sie sich für die Karriere entschieden haben. Die Minderheit hingegen nimmt berufliche Stagnation, mangelnden Respekt, Belächelt-Werden, ja sogar Arbeitslosigkeit hin, weil sie sich der Verantwortung ihrer Familie gegenüber nicht entziehen wollen.

Familie und Partnerschaft liegen auf einer anderen Daseinsstufe als die Arbeitswelt – nicht nur gleichwertig, sondern höher. Sie bilden die Grundlage und Voraussetzung für all das, was uns erfolgreich macht. Denn nicht wenige sind nur deswegen erfolgreich, weil ihre Eltern sich nicht gegen die Familie entschieden haben. Wenn wir aber meinen, die Freiheit dazu in Anspruch nehmen zu können oder durch den Arbeitsdruck dazu genötigt zu werden, greifen wir nicht zerstörend in einen Lebensprozeß ein, der die Voraussetzung für die Zukunft unserer eigenen Kinder darstellt? Geht es in unserer Haltung zur Familie nicht um unsere Verantwortung für die Zukunft der folgenden Generationen? Geht es nicht um einen Bereich, der eigentlich nicht allein nur der jeweils eigenen Entscheidungsfreiheit zugeordnet sein darf, sondern der in der Kette der Generationen zu erhalten und zu pflegen ist?

Arbeit ist unsere Schaffenskraft. Es ist die Welt des Erfolges oder auch des Mißerfolges, es ist die Welt der Macht, der organisierten Prozesse, der Machbarkeit und der Kalkulierbarkeit. Produktivität kann gesteigert werden, bis Zufriedenheit darin besteht, menschliche Beziehungen als erledigt im Terminkalender abzuhaken. Familie repräsentiert nicht unsere Schaffenskraft, sondern die Kraft, woraus wir geschaffen sind, woraus wir geworden sind. Das aber ist nicht ein Ding, sondern Leben, und Leben ist letztlich ein Geheimnis. Genau das ist es, was den modernen Manager unsicher macht.

Es liegt an uns, in unseren Beziehungen Lebensqualität anzustreben. In der Familie und Partnerschaft bedeutet Lebensqualität das Bemühen und Streben nach einer Kultur des Herzens. Lebensqualität beginnt mit Zufriedenheit und Dankbarkeit.

Nehmen wir uns einen Augenblick Zeit und Ruhe, um unser momentanes Leben einer Betrachtung aus gewisser Ferne zu unterziehen. Beruf, Freunde, Hobbys, Familie – worin investieren wir die meisten Stunden an gewöhnlichen Tagen? Mit wem teilen wir die meisten Momente eines Tages? Welchen Stellenwert nehmen unsere Familie, unsere Partnerin/unser Partner und unsere Kinder auf unserer Prioritätenliste ein? Welche gemeinsamen Aufgaben und Ziele haben wir? Jeden Tag haben wir die Gelegenheit, mit einer Veränderung – mag sie auch noch so klein sein – unserem Leben einen neuen Touch von Phantasie, Lebensfreude oder Liebe zu geben. Seinen wahren Wert offenbart es nur, wenn es auch unser Leben wird – mit *unserer* persönlichen Note, komponiert von *unserem* Kopf, gestaltet von *unseren* Händen und durchdrungen von *unserem* Herzen.

Auch im Privatbereich erweist sich ein durchdachter Umgang mit der Zeit allerdings als ratsam. Gutes und Wichtiges entsteht nicht automatisch, sondern als Ergebnis richtiger Zielsetzung und konsequenter Planung:

- Reservieren wir uns einen Abend in der Woche, der nur dem Partner gehört.
- Planen wir sichere Zeit für unsere Kinder mit ein.

Ich würde sicher vieles anders machen, aber ob es besser wäre, vermag ich nicht zu sagen. Ob ich etwas gemacht habe, auf das ich mich berufen könnte, daß es nützlich für Dritte war, können nur die anderen Menschen beurteilen. Sicher weiß ich nur, daß ich mich viel zu wenig um meine Familie gekümmert habe. Dies ist etwas, das ich mit Sicherheit anders machen würde.

Dr. Ignatz Bubis

Ehemaliger Vorsitzender des Zentralrates der Juden in Deutschland, Frankfurt am Main, geboren 1927, gestorben am 13. August 1999; in einem Brief an den Autor vom 5. Oktober 1998.

Ignatz Bubis kam 1927 im heute polnischen Breslau als siebtes Kind eines Schiffahrtsbeamten zur Welt. Einen Teil seiner Jugend verbrachte er im Ghetto und in einem Arbeitslager. Dem Abtransport in ein Vernichtungslager entkam er durch Zufall. Seinen Vater verlor er im KZ. Nach dem Krieg kehrte Bubis nach Deutschland zurück. Seit 1982 war er Mitglied des Zentralrates der Juden in Deutschland. Der Europäische Jüdische Kongreß meinte, das Leben von Bubis habe die Tragödie des europäischen Judentums zur Zeit der Shoa sowie der Wiedergeburt des jüdischen Lebens nach dem Zweiten Weltkrieg widergespiegelt. »Ingatz Bubis hat mit nie versiegender Kraft dazu beigetragen, die Schatten der Vergangenheit kleiner werden zu lassen« (Regierungssprecher Heye).

Ich bin seit mehr als 25 Jahren verheiratet, Mutter von drei jungen Erwachsenen und nach 16 Jahren 100 Prozent Mutter-/Hausfrauensein wieder außer Haus berufstätig. Ich kenne das Leben von hart arbeitenden Männern privat von meinem Ehemann und beruflich von meinem Chef. Für mich waren die Jahre des Verzichts auf den Beruf nicht extrem schwer, da ich das Familienleben als ausgesprochen innerlich bereichernd empfand und daher nicht aufbegehrte. Seit mein Mann aber den Sprung in die oberste Etage geschafft hat, sieht das ganz anders aus. Ich habe zunehmend mit depressiven Verstimmungen zu kämpfen und leide unter der Tatsache, daß er, der früher so sehr dafür eintrat, daß Väter verdienen und Mütter Kinder erziehen, sich nun in seinem Umfeld speziell für die berufliche Förderung junger Akademikerinnen einsetzt. Er macht auch gute Erfahrungen damit, denn diese Frauen, denen er bei der Gestaltung ihrer Arbeit viel Freiraum läßt, sind äußerst motiviert. So ist an seiner Seite nicht ein Vizedirektor tätig (mehrere Männer haben sich darum beworben), sondern eine jüngere Frau (verheiratet, Mutter eines Kindes) wurde von ihm für diesen Posten angesprochen und gewählt.

Nun ist so etwas Ähnliches wie ein Bruch in meinem Lebenskonzept entstanden. Das Wichtigste seit bald 30 Jahren war mir die Partnerschaft mit meinem Mann und das gemeinsame Projekt »Kinder aufziehen«, welches zwar vorwiegend bei mir lag. Ich hatte keine andere Wahl, mein Mann hat immer zu 100 Prozent gearbeitet. Und nun befinde ich mich in der Situation, daß ich beruflich zwar zum Glück wieder Arbeit fand, aber oft in recht repetitiver oder einfach stressiger Form, und daneben das leer gewordene Haus pflege. Derweil reist mein Mann mit seiner Vizedirektorin zu allen möglichen Arten von Sitzungen und Konferenzen im In- und Ausland, verläßt frühmorgens das Haus und kommt spätabends müde heim. Können Sie mir nachfühlen, daß ich oft nicht mehr viel sagen mag, wenn mein Tag ohnehin »nur« aus Putzarbeit, Bügeln, Einkaufen bestand – er aber sich, zusammen mit Vizedirektorin Frau Dr. XY, zu Businesslunches, Empfängen und intensiven Verhandlungen trifft? Verstehen Sie mich richtig – ich sehe die Kehrseite der Medaille nur allzu oft: die Hetze, den Druck, die Forderungen von oben und unten. Ich möchte nicht tauschen mit ihm. Aber wenn ich eine zweite Chance hätte, würde ich ab dem Schulalter der Kinder schrittweise wieder in den Beruf einsteigen. Vielleicht wäre dann mein Mann selber nicht so hoch aufgestiegen. Aber die Entwicklung in der Ehe wäre ausgewogener verlaufen. Ich habe den Eindruck, unsere Ehe habe Schlagseite gekriegt. Mein Mann sieht das nicht so, aber er hat ja alles, was er sich wünschte: Berufserfolg, Ehe, Kinder. Ich habe Bildung und Beruf zugunsten von Mann und Kindern zurückgestellt und muß nun darum kämpfen, daß mein Selbstwertgefühl nicht total kaputtgeht, wenn ich meinen Mann und seine Vizedirektorin chic herausgeputzt, beide mit Aktenkoffer und lebhaft diskutierend in den Erstklassezug einsteigen sehe, während ich in abgenutzten Jeans und verwaschenem Pullover den schweren Einkaufskorb aufs Fahrrad klemme und heimstrample.

Ich habe nun lange geschrieben und möchte damit nur das eine: Wenn Sie das nächste Buch schreiben, so denken Sie doch bitte auch an die Frauen; machen Sie den Männern und Frauen, die eine halbe oder ganze Generation jünger sind als ich, bitte Mut zum Teilen der Erwerbs- und Familienarbeit! Aufs Ganze gesehen profitieren alle mehr davon, Männer, Frauen, Kinder, die Gesellschaft! Nur die Psychiater, Eheberater und Scheidungsrichter werden dann weniger Arbeit haben!

NN

Name der Verfasserin dem Autor bekannt; in einem Brief einer Arztgattin an den Autor vom September 1998.

Das Familienleben mit meiner Frau Thea und meinen Söhnen ist mir mittlerweile wichtiger als die Einschaltquoten meiner Sendungen. Viel wichtiger ist mir heute, daß ich bei Thea und den Kindern alle Umfragen gewinne. Wenn dein Lebensglück von deiner Hitparadenposition abhängt, bist du früher oder später im Eimer!

Thomas Gottschalk

Moderator; in: Schweizer Tagesanzeiger vom 3. Oktober 2001, S. 14.

Die tiefste Angst, die eine Frau hat, ist, nicht geliebt zu werden. Wenn ich meinen Söhnen nur eine einzige Sache sagen könnte, würde ich dies sagen: Der liebende Mann ist der, der seiner Frau die Gewißheit schenken kann, daß sie geliebt ist und der ihr jeden Tag neu zeigen kann, wieviel sie ihm bedeutet!

Dann kam Dein letzter Morgen. Du warst wie gewöhnlich früh aufgestanden, hattest Deinen Morgenlauf gemacht, Dich rasiert und gebadet. Dann hast Du die Tür zu unserem Schlafzimmer aufgemacht und kamst mit dem Teetablett zu mir. Es war Deine letzte Tat auf dieser Welt – meine leere Tasse mit Tee zu füllen.

Ingrid Trobisch

Geboren 1927; in: Walter Trobisch: »Der mißverstandene Mann«, Editions Trobisch 1983, S. 70.

Ich frage mich oft, warum man nicht zuerst alt werden könnte und nachher jung? Die verpaßten Gelegenheiten geben mir oft zu denken. Talente, die mir vielleicht schon in die Wiege gelegt wurden, spürte ich in der Jugend, aber mir fehlte die Möglichkeit, sie zu verwirklichen. Meine größte verpaßte Gelegenheit ist die Rolle der Mutter, die Ruhe und die Zeit für unser Kind. Dafür möchte ich das Rad zurückdrehen, um die Altersweisheit zu haben, es anders zu machen.

Auch die schönen Reisen, die ich aus Spargründen verpaßt habe, möchte ich nachholen; dies geht aber aus gesundheitlichen Gründen nicht mehr. Nun bin ich zufrieden und manchmal sogar glücklich über jeden neuen Tag. Der Garten, die Blumen ersetzen mir fast alle verpaßten Gelegenheiten.

Madeleine Hartmann-Trösch

Seon, Schweiz; in einem Leserbrief an die Zeitschrift »Zeitlupe« Nr. 5, 2001, Zürich zum Thema »Wenn ich nochmal leben könnte« (www.zeitlupe.ch).

Mehr Verzeihen

Wut und Rache sind das dominierende Element leider vieler Menschen. Die Verletzungen können nicht abheilen, im Gegenteil werden sie geradezu kultiviert: »Könnte ich nur einmal denen eins auswischen, die mir soviel Leid angetan haben, die mich so entwurzelt und bloßgestellt haben, die durch meine Entlassung soviel von meinem Lebensfundament zerstört haben...« Bei vielen steckt die Wut über das Erfahrene ganz tief. Das innere Karussell kreist. Sie entdekken sich tagsüber und bis nachts in Träumen, wie sie Selbstgespräche führen mit dem, der sie so verletzt hat. Rachepläne beschäftigen sie, zu deren Umsetzung sie jedoch nicht imstande sind, und während diese beispielsweise in Afrika viel mehr nach außen ausgelebt werden, frißt sich die ganze Aggression in unseren Breitengraden nach innen und rumort und schwelt, bis eine Reihe von Menschen sich mehr und mehr mit Suizidgedanken beschäftigt und nicht selten den Versuch unternimmt, diesen letzten Schritt auch zu tun.

Wer Suizid begeht, um dem Leiden von Machtkämpfen zu entkommen, tötet nicht nur sich selbst, sondern versucht, mit sich auch den übermächtigen Machthaber, den er nicht stürzen konnte, zu töten. Weil er nicht von ihm freikommt, ist die Selbstzerstörung für ihn der einzige Weg, ihn endgültig loszuwerden.

Es gibt zwei Arten, zum »Frieden« zu kommen. Der erste Weg ist die Rache. Dieser Weg bringt einem selbst zwar das vorübergehende Gefühl der Befriedigung, treibt aber das Schwungrad eines unheilvollen Kreislaufes weiter an. Der Familienstolz gebietet es, jedes Unrecht zu rächen. So kann nie Frieden entstehen. Völker können vertrieben oder geschlachtet werden. Aber sie werden eines Tages wieder erstarken und das erlittene Unrecht sühnen. Das ist das Prinzip »Auge um Auge, Zahn um Zahn«, das in der ganzen Welt herrscht. Der zweite Weg ist der Weg des Verzeihens. Verzeihen ist schwer. Aber man durchbricht den Kreislauf, daß ein Unrecht wieder das nächste nach sich zieht, und die Genugtuung, die man durch diesen Unterbruch erhält, hat eine andere Qualität als die Genugtuung, die man durch Rache oder Schadenfreude findet.

Das Verzeihen und das Einüben des Verzeihens erweist sich in der Beratung als bedeutender Schlüssel. Um so verwunderlicher ist es, daß in den wissenschaftlichen Lehrbüchern der Psychologie und des Managements dieser Vorgang selten oder nie erwähnt wird. Das mag damit zusammenhängen, daß die moderne Psychologie den Begriffe Schuld schon vor langer Zeit aus ihrem Repertoire gestrichen hat. Indem man Menschen von der persönlichen Schuld zu schnell entlastet (»ihr seid das Opfer, ihr seid das Produkt von den Umständen«), entwertet man sie auch, weil man sie von ihrer eigenen Verantwortung entbindet. Auch wenn das positiv gemeint ist, verhindert dies einen Prozeß, aus welchem Menschen als gestandene Persönlichkeiten hervorgehen können. Denn nur Menschen, die sich ihrer eigenen Verantwortung für ihr eigenes Leben bewußt sind, können sich auch selbst als wertvoll betrachten.

Viel zu selten wird die Möglichkeit gesehen, durch Vergeben seelische Schmerzen lindern zu können. Diese Ignorierung des Vergebens in der Psychologie und Psychotherapie ist um so erstaunlicher, als die christliche abendländische Tradition die Vergebung zur eigentlichen Kernaussage macht. »Vergebt, so wird euch vergeben« (Lukas 6, 37). »Und vergib uns unsere Schuld, wie auch wir unseren Schuldigern vergeben« (Matthäus 6, 12).

Vergeben bedeutet ein Entschuldigen, Freigeben, Loslassen oder auch Begnadigen. Das Ereignis wird nicht aufgerechnet, sondern als abgeschlossen angesehen, auch wenn man sich an das Geschehene durchaus erinnern kann. Dabei ist es nicht unbedingt notwendig, daß der andere physisch anwesend ist (vielleicht ist er gestorben). Es ist auch nicht unbedingt nötig, daß der andere um Entschuldigung bittet. Vielleicht wird der andere sein Leben lang nie das Gefühl haben, etwas falsch gemacht zu haben. Entscheidend ist, daß man dem anderen »innerlich« vergibt, denn solange man nicht verzeihen kann, klebt man an dem, der einem Unrecht getan hat, und kommt nicht von ihm los.

Die Wirkungen des Vergebens bei denen, die Vergebung gewährt haben

Im emotionalen Bereich tritt als Folge der geänderten Gedanken und Einstellungen oft ein Umschwung ein. Schuldzuweisungen, Anklagen, Wunsch nach Vergeltung, Bestrafung, Rachegefühle treten in den Hintergrund und verschwinden, Personen und Ereignisse werden weniger gerichtet, die Fragen nach dem »Warum« in bezug auf das Verhalten des anderen hören auf, das Ereignis tritt zurück, es wird in anderer Bedeutung wahrgenommen. Ein tieferes Verständnis für das Verhalten des anderen tritt ein.

Die Wirkungen des Vergebens bei denen, die Vergebung erfahren haben

Sie fühlen sich erleichtert. Ihre Motivation wird deutlich gesteigert, anderen Menschen schneller als bisher zu vergeben. Eine Lebenserfahrung lehrt uns auch, daß wir das lösende Wort uns ja nicht selbst sagen können, sondern gesagt bekommen müssen, gerade in Momenten, wo man Unrecht nicht wiedergutmachen kann. Die Zusage der Vergebung Gottes, ausgesprochen in der Beichte durch einen neutralen Zeugen, ist unendlich vielen Menschen bis zum heutigen Tage zur Hilfe geworden. Wie vielen ist in verzweifelten Situationen durch die Möglichkeit, eigenes Versagen auszusprechen und dunkle Geheimnisse nicht für sich behalten zu müssen, Entlastung und seelischer Frieden wiedergegeben worden.

Welche Einsichten können die Bereitschaft zum Vergeben erleichtern?

Vielleicht hilft die Einsicht, daß es auch im eigenen Leben Menschen gegeben hat, die an einen geglaubt haben, wo man es nicht verdient hatte; die einen ermutigt haben, wo man versagt hatte. Wir sind heute vielleicht in einer komfortablen Situation, weil sich Menschen, als wir selbst versagt haben, nicht gegen uns entschieden, wohlwissend, daß sie von uns nichts zurückbekommen würden. Könnte nicht auch die Einsicht hilfreich sein, daß keiner durchs Leben geht, ohne daß auch durch ihn andere verletzt werden?

Ich würde mich selbst nicht so wichtig nehmen und alles daransetzen, mit meinen Nächsten in liebevollen, versöhnten Beziehungen zu leben und mir für diese Beziehungen mehr Zeit zu nehmen.

Marie Louise Fürstin zu Castell-Castell

Prinzessin zu Waldeck und Pyrmont, Castell/Unterfranken, geboren 1930; in einem Brief an den Autor vom 9. März 1999.

Im Verzeihen liegt die Größe des Menschen. Wenn wir das Verzeihen aufgeben, geben wir unser Menschsein auf.

Philomena Franz

Sinti, Überlebende von Auschwitz; Zitat aus der Sendung »Beckmann« vom 16. Mai 2001, ARD.

Eine der wichtigsten Erfahrungen in meinem Leben, von der ich mir wünschte, daß ich sie früher gemacht hätte, weil sie wesentliche Veränderungen in meinem Leben bewirkt hat, ist die Erfahrung vom Verzeihen und Versöhnen.

In der Begegnung mit Juden – seit 1993 – habe ich erfahren, daß belastete Beziehungen zwischen Menschen natürlich und herzlich werden durch Vergebung. Das gilt auch für die Vergangenheit meiner Familie. Die Bitte um Vergebung für Lieblosigkeit, Gleichgültigkeit und Überheblichkeit ist der erste Schritt zur Versöhnung. Seitdem ich das weiß, halte ich die Botschaft zur

Versöhnung für die entscheidende Hilfe in schwierigen und von Schuld belasteten menschlichen Beziehungen.

Fürst Albrecht zu Castell-Castell

Privatbankier Castell/Unterfranken, geboren 1925; in einem Brief an den Autor vom 24. November 1998.

Als ich vor Jahren einen Vortrag hielt, stürzte ein offenbar verrückt gewordener, kräftiger Mann aus der Zuschauermenge nach vorne und griff mich an, indem er mir drei tiefe Bißwunden zufügte und dann wegrannte mit dem Satz: »Ich möchte sie aus dem Weg schaffen, ich bin HIV-positiv.« Voller Groll ging ich an diesem Abend nach Hause und war nicht fähig, den Groll abzulegen, da ich über längere Zeit der Arbeit fernbleiben mußte. Ein Jahr später traf ich ihn plötzlich wieder auf dem Theaterplatz in Basel. Er war durch seine Krankheit sichtlich vom Tode gezeichnet. Wir gingen aufeinander zu, und wir umarmten uns; das Verzeihen war wie eine große, unausgesprochene Kraft zwischen uns. Kurze Zeit nach dieser Begegnung ist er gestorben.

Johannes Czwalina

Wenn ich noch einmal leben könnte, dann wünschte ich mir, daß dieses entsetzliche Erlebnis in meiner Kindheit nicht dagewesen wäre, oder ich wünschte mir, daß ich früher Menschen kennengelernt hätte, die mir erklärt hätten, wie man lernen kann zu verzeihen und dadurch imstande ist, Dinge zu bewältigen.

Ich konnte vom ersten Schultag an die Buchstaben nicht richtig schreiben. Ich hatte Angst vor den Schularbeiten, den Diktaten, den Aufsätzen, vor allen Dingen vor den Übungen an der Tafel vor der ganzen Klasse. Dann war da dieser eine Morgen, als mein Lehrer den Stift in die Hand nahm, sich neben meinem Tisch aufbaute, nach einem kritischen Augenblick des Schweigens mein Heft nahm, es öffnete und der Klasse mit den Worten zeigte: »Seht, welch ein Schmierfink!« In diesem Augenblick gab es einen Stich in meine Seele. Ich war wie gelähmt und verkroch mich nach Ende der Stunde in ein Versteck auf dem Schulhof. Ich bekam Angst vor den Mitschülern und wurde zum Außenseiter. Ich begann zu stottern, und seitdem ging es mir so, daß ich bei öffentlichen Auftritten Angstzustände und Schweißausbrüche bekam.

Dann traf ich jemanden, der mir sagte, ich müsse lernen, meinem Lehrer zu verzeihen. Es war furchtbar schwierig. Wir brauchten viele Stunden und Tage dazu, ja Wochen, bis ich es eines Tages alles herausweinen konnte und auch das Verzeihen zustandebrachte. Als ich es über die Lippen gebracht hatte, war es mir, als ob eine große Last von mir abfiel. Zur Freude meiner Umgebung hörte ich langsam auf zu stottern. Heute kann ich normal reden.

Ja, wenn ich noch einmal leben könnte, würde ich nicht noch einmal das gleiche erleben müssen. Ich würde mir vor allem wünschen, schneller die Kraft des Verzeihens begriffen zu haben. Ich würde in einem weiteren Leben gerne dazu beitragen, ein waches Auge zu haben für Menschen, die auf ähnliche Weise wie ich geplagt worden sind. Ich würde versuchen, ihnen zum Verzeihen Mut zu machen.

NN

Verfasser dem Autor bekannt.

Ich wuchs mit einer Mutter auf, die äußerst dickleibig war, außerdem vernachlässigte sie den Haushalt und pflegte sich nicht, sie kämmte sich nicht richtig und schloß noch nicht einmal die Toilettentüre ab. Für mich war da so ein Grundmuster: Frauen werden dick und beschneiden meinen Lebensraum. Ich schämte mich vor meinen Klassenkameraden, wenn meine Mutter auftauchte. Mein Vater kritisierte meine Mutter ständig. Meine Mutter war darüber so unglücklich, daß sie noch mehr aß. Weil sie immer mehr aß, wurde mein Vater immer ärgerlicher.

Ich suchte mir später eine extrem schlanke Frau. Nach der Geburt unseres ersten Sohnes passierte das Schlimmste: Meine Frau wurde dick und immer dicker. Ich war so enttäuscht, daß ich ihr gegenüber meinen Unmut immer lauter zum Ausdruck brachte. Sie wurde darüber so traurig, daß sie immer mehr aß. Ich hatte die Saat geerntet, die als Kind in meinem Leben gesät worden war: Es war der Unmut über meine dicke Mutter, der mich später wieder einholte. Heute habe ich das überwunden und frage mich, warum ich dazu so lange brauchte. Viel zu spät habe ich mich durchgerungen, es meiner eigenen Mutter nicht nachzutragen, daß sie meine Kindheit weitgehend verpatzt hat, daß sie unser Haus nicht in Ordnung gehalten hatte. Ich hätte mich bei ihr entschuldigt, daß ich so hart gegen sie war und sie verurteilt hatte, wäre sie nicht zu früh gestorben. Ich habe mich dann bei meiner eigenen Frau entschuldigt, daß ich durch meine Kritik es mitverursacht hatte, daß sie zuviel essen mußte. Meine Frau ist danach wieder schlanker geworden und bis zum heutigen Tag schlank geblieben.

Wenn ich noch einmal leben könnte, würde ich versuchen, nicht mehr all das Schlechte so lange alleine zu tragen. Ich würde es nicht mehr zulassen, daß innere Aktenschränke mit Anklagen (»Alles, was du mir angetan hast«) über andere in mir archiviert werden.

Ich habe gemerkt, wie schwer es ist, zu verzeihen. Wenn ich noch einmal leben würde, würde ich mir wünschen, daß ich eine verzeihende Haltung wie Nelson Mandela hätte. Er hat für sein Land so vieles vollbracht, weil er seinen Feinden die mehr als 20 Jahre Kerkerhaft nicht nachgetragen hat. Deshalb konnte er ein Mensch sein, der viele Tausende versöhnte.

Wenn ich noch einmal leben könnte, würde ich anderen ihre Fehler schneller verzeihen und auch mir meine eigenen Fehler nicht so lange nachtragen.

NN

Verfasser dem Autor bekannt.

Wenn ich noch einmal leben würde, würde ich mir eine Kindheit wünschen ohne die vielen Streitigkeiten meiner Eltern. Ich erinnere mich noch daran, wie ich oft wegen der lautstarken Wortgefechte nicht einschlafen konnte oder wieder aufwachte. Ich krabbelte dann aus meinem Bett und ging verstört ins Wohnzimmer, wo meine Eltern, erschrocken über mein Auftauchen, mich zu beruhigen versuchten. Immer wieder schickten sie mich ins Bett mit den Tröstungen, daß es schon wieder gut werden würde. Ich lag stundenlang wach, alleine mit meinen Gefühlen der Furcht und der Wut auf meinen Vater. Ich liebte meinen Vater, und ich liebte meine Mutter. Darum fühlte ich mich zwischen ihnen zerrissen. Kaum war mein Vater da, schimpfte er auf meine Mutter. Mit der Zeit wuchs der Wunsch: »Möge er nur fortgehen. Männern kann man nicht vertrauen. Männer sind nur böse zu Frauen.«

Eigentümlicherweise verstanden sich meine Eltern später besser, und ich meinte, die Kindheit fast ganz vergessen zu haben. Aber als ich dann heiratete, tauchte das alte Muster bei uns auf. Plötzlich kam es wieder hoch: Männer wollen Frauen nur unterdrücken, Männern kann man nicht vertrauen, Männer können brutal sein und sollten am besten weggehen.

Ich kannte mich plötzlich selbst nicht mehr, ständig explodierte ich und rastete bei Kleinigkeiten aus. Erst viel später merkte ich, daß diese Verletzungen und die daraus resultierenden Wutanfälle in meiner Kindheit ihre Wurzeln hatten. Zu tief war das Programm in mir: »Männer werden dich verletzen.« Ich hatte meinen Vater mit dem Schiedsspruch gerichtet, mit dem ich jetzt gegen meinen Mann auftrat. Es war eine Saat in meiner Kindheit gesät worden, die nun aufgegangen war. Ich erwartete das, was auf mich zukam. Nur mit Mühe habe ich verstanden, meinen eigenen Anteil an diesen Auseinandersetzungen zu erkennen. Mit Hilfe anderer Menschen habe ich meine Kindheit aufgearbeitet. Die Beziehung mit meinem Mann ist zum Frieden gekommen.

Wenn ich noch einmal leben könnte, würde ich mir eine andere Kindheit wünschen.

NN

Verfasserin dem Autor bekannt.

Krüsi:

In den achtziger Jahren besaß ich eine Farm (»Olive Tree«) in Zimbabwe. Ich bewirtschaftete diese mit sechs Ehepaaren. Die meisten von ihnen hatten Kinder. Im Oktober 1987 plante ich eine Reise in die Schweiz. Fünf Tage vor der Abreise sagte ein Mitarbeiter: »Es sieht so aus, als ob auch noch einige von uns draufgehen, bevor Friede in Zimbabwe einkehrt.« Er sagte das, weil man viel von Massakern an Weißen hörte, die damals vom herrschenden System bewußt zugelassen wurden. Wir alle hatten bisweilen das Gefühl, daß da noch etwas auf uns zukommen könnte, und in dieser Vorahnung gaben wir uns besondere Mühe in der Pflege unserer zwischenmenschlichen Beziehungen. Vor meiner Abreise machten wir ein wunderschönes Fest.

Als ich Ende 1987 wieder zurückkam, fand ich eine gespenstische Stille vor. Niemand meldete sich zur Begrüßung, kein fröhliches Kindergeschrei war zu hören, kein Motorengeräusch eines Traktors. Ich ahnte Schlimmstes. Schlußendlich machte ich im Gerätehaus den schrecklichen Fund: 16 getötete Personen, darunter auch kleine Kinder, lagen da aufeinandergestapelt, offenbar von farbigen Landbesetzern brutal umgebracht. Später erfuhr ich, daß sie einzeln, an den Händen mit Stacheldraht gefesselt, in die Hütte gebracht und dann mit einer Axt enthauptet wurden. Ein Augenzeuge berichtete, daß niemand vor Angst oder Zorn geschrien hätte, sondern nur einer der Ältesten sagte, bevor er starb: »Gott wird richten zwischen uns und Euch!«. Nur Matthew, ein kleiner Junge, konnte fliehen. Seine Eltern wurden umgebracht. Er wuchs nachher bei seiner Tante in Südafrika auf. Wäre ich zur Zeit des Massakers in Zimbabwe gewesen, wäre ich auch getötet worden.

Später erfuhr ich: Scheinbar gute Freunde hatten uns bei den Behörden zuvor verraten. Ohne deren Mithilfe hätte das Massaker nicht geschehen können. Ich war nicht darauf vorbereitet, von Freunden betrogen zu werden. Ich weiß, daß diese mich einmal vergeblich zu überreden versucht hatten, an einem Bestechungsversuch mitzumischen. Ich sagte ihnen damals: »Ich werde mich nie bestechen lassen.«

Kurz nach meiner Rückkehr wurde ich von einem farbigen Polizisten, der – wie ich später erfuhr – mit den Mördern zusammengearbeitet hatte, festgenommen. Unter falscher Anklage sollte ich vor ein einheimisches Gericht (Harare Ministry of home affairs) gestellt werden. Ich war während der Fahrt ins Gefängnis (oder zu meiner Exekution) sehr ruhig und gelassen. Weder

Angst noch Wut, sondern eher Mitleid befiel mich. Als wir im Gerichtsgebäude ankamen, fragte ich den Polizisten, ob er mir einen Wunsch erfüllen könne. Er bejahte. So bat ich ihn um ein Handtuch und ein Gefäß mit Wasser. Ich fragte ihn dann, ob ich ihm die Füße waschen könne. Er willigte ein. Ich wusch diesem Mann die Füße. Danach wurde ich ohne weitere Begründung auf freien Fuß gesetzt.

Die Regierung selbst hatte ihren Bürgern gesagt, daß sie die Weißen bestehlen und umbringen sollten. Sie waren die »Opfer« ihres Glaubens, ihrer Erziehung und ihrer Regierung. In ihrer Kultur ist Töten nicht verboten. Das war einer der Gründe, warum in mir kein Haß aufkam. Durch irgendwelche Umstände kamen die Mörder später doch noch ins Gefängnis. Dadurch waren ihre Familien vom Hungertod bedroht. So stellte ich einige von ihnen nach ihrem Gefängnisaufenthalt später wieder als Arbeiter ein, damit ihre Familien am Leben bleiben konnten. Wir zäunten ihnen eigenes Land ab und legten ihnen Wasserleitungen.

Es war danach in unserer Gegend einige Jahre ganz ruhig. Zwischen dem 20. November und 20. Dezember 1980 gaben viele ihre Waffen ab.

Frage:
Hat sich einmal einer der Mörder bei Dir entschuldigt, Gerry?

Krüsi:
Nein, ein Schwarzer bittet nicht einen weißen Mann um Verzeihung. Aber ich habe ihnen Vergebung gegeben. Ich habe ihnen mit meiner Vergebung nicht ein Prinzip weitergegeben, sondern Leben.

Frage:
Hattest Du keine Angst, daß sie auch Dir etwas antun könnten oder Dich wieder hintergehen würden?

Krüsi:
Doch! Elf Monate vor dem Massaker waren einige von uns als Geiseln gehalten worden, während alles, was irgendwie einen Wert hatte, von der Farm geraubt wurde (Radiogeräte, elektroni-

sche Dinge, Geld, alles mögliche). Ich habe in den Stunden der Geiselnahme mein Schweizer Taschenmesser herausgenommen und demonstrativ auf dem Boden abgelegt.

Frage:
Was war Dein erster Gedanke, Deine erste Reaktion, als Du das Massaker realisiertest?

Krüsi:
Ich war dankbar, daß wir gerade wenige Wochen vorher eine sehr gute Zeit zusammen verbracht hatten als Familien, daß wir eine Einheit waren und unsere Beziehungen geklärt und in Ordnung waren. Es war nichts da, wo ich dachte, hättest Du doch bloß vorher noch ... Es war eine Hochzeit geplant gewesen für die Zeit, wenn ich wieder zurückkommen würde, und an dieser Hochzeit sollte auch ein Kind eingesegnet werden. Wir hatten aber den Eindruck, wir sollten Benjamin schon vorher einsegnen, und so taten wir es vor meiner Abreise.

Frage:
Was wäre passiert, wenn Du nicht vergeben hättest?

Krüsi:
Ich wäre bitter geworden, hätte Rache ausgedacht oder ausgeübt, wäre in Selbstmitleid versunken und in Ärger und Selbstgerechtigkeit.

Gerry Krüsi

Wohnhaft im Valais, Schweiz, geboren 1932; in einem Gespräch mit dem Autor am 27. September 2001.

Mehr voneinander verstehen

Ich besuchte vor kurzem ein einsames Bergdorf in der Provence. Die Dorfbewohner sind vernetzt und verkabelt. Seitdem das so ist, singen sie an den Sommerabenden nicht mehr, wie es jahrzehntelang zuvor Tradition war. Jeder sitzt jetzt alleine vor seinem Fernseher oder Computer. Die verlorene Dorfgemeinschaft im alten Sinne wird zwar von allen betrauert, keiner aber hat mehr die Kraft, den Weg zurückzugehen. Die immer perfektere Kommunikation hat nicht die Gemeinschaftsprozesse gefördert, sondern lediglich die Individualisierungsprozesse. Der Entwicklung des Kommunikationsvolumens und der Kommunikationstechniken steht eine Abnahme der Kommunikationsfähigkeit des Menschen gegenüber. Es ist ein Irrglaube, daß die rasante Verbesserung der Kommunikationsmittel auch eine Verbesserung der Kommunikationsfähigkeit bedeute. Das Gegenteil ist der Fall. Mit der Einführung der E-Mail-Kultur ist es mit der Kommunikationskultur vielfach erst einmal richtig bergab gegangen. Die rein sachliche Kommunikation im Sinne des Informationsaustausches kann Menschen emotional vereinsamen lassen und verletzen. Die Sprache der nackten Informationen mit hohlen Fachwörtern, Zahlen und Fakten, die Wahrheiten eher verhüllt als darstellt und begründet, ist unwürdig und läßt Menschen verstummen.

Die neuen Kommunikationstechniken können nur dann zu einer Verbesserung beitragen, wenn wir auch gleichzeitig den Inhalt unserer Kommunikation verbessern. Sonst werden wir nur Zeugen der Tendenz, daß Nebensächlichkeiten und Destruktives noch schneller als bisher transportiert werden.

Wenn es um den Aufbau nachhaltiger Beziehungen geht, ist im weiteren die Fähigkeit des Zuhörens ein wichtiger Bestandteil der Kommunikation. Zuhören ist die Fähigkeit, sich auf die Ideen und Gegenargumente anderer einzulassen und einzustellen. Die Unfähigkeit, zuhören zu können, drückt eine Form sozialer und kommunikativer Inkompetenz aus (Günther Sauder, ehemaliger Bildungschef Daimler Benz). Zuhören setzt Interesse am anderen voraus und verlangt die fördernde Einstellung, daß auch der andere etwas Wichtiges zu sagen hat. Es gestaltet sich aber aus Erfahrung anspruchsvoller als die Fähigkeit, Ratschläge zu erteilen. Der Wunsch, verstehen zu wollen, ist die Voraussetzung, um überhaupt zuhören zu können. Die Stimmung würde sich wesentlich verbessern, wenn wir uns zum Zuhören mindestens genauso viel Zeit nehmen würden wie für das Reden. Wir haben viele Möglichkeiten, dem anderen zu signalisieren, daß wir ihn verstehen wollen (wenn es wirklich so ist), denn noch mehr als durch unsere Worte kommunizieren wir nonverbal durch unsere Haltung.

Gegenwärtig werden wir mit einem Überangebot an Kursen und Schulungen konfrontiert. Je schlechter die Kommunikationskultur, desto besser die Kommunikationstechniken. Bedauerlicherweise werden Gespräche dadurch auf ihre quantifizierbaren Vorzüge reduziert, es geht also nur darum, wie wir unsere Anliegen besser durchsetzen, unsere Ware schneller verkaufen, andere effizient ausschalten, uns besser durchsetzen und unseren Karriereaufstieg beschleunigen können. Wer aber lehrt uns eine Kommunikation des Herzens, die über den verbalen Austausch von Informationen hinausgeht? – Je mehr wir die Sprache als Instrument beherrschen, desto einfacher fällt es, uns hinter leeren Worthülsen und formelhaften Äußerungen zu verschanzen. Soll die Kommunikation aber auch menschlich fruchtbar und konstruktiv sein, zählen andere Werte: Aufrichtigkeit und Vertrauen.

Eine effektive Kommunikation, die zum Ziel hat, nicht nur Informationen auszutauschen, sondern gegenseitiges Verstehen zu fördern, besteht aus einer ausgewogenen Kombination von Reden und Hören. Ihre Grundlage bilden Wahrhaftigkeit und der Verzicht auf jede Manipulation. Wo Manipulation angewandt wird, geht es immer um Macht. Wo es um Macht geht, wird manipuliert. Wir erweisen uns als wahre

Zuhörer, wenn wir unserem sprechenden Gegenüber nonverbal deutlich machen, daß wir ihm zuhören und Interesse an seinen Äußerungen haben.

Als wichtiger Schlüssel erweist sich auch die Fähigkeit der Selbstkommunikation. Wir sind, was wir sprechen, was wir sprechen, denken wir, und was wir denken, strahlen wir aus – und schließlich: Was wir ausstrahlen, ziehen wir an.

Das laute Aussprechen von konstruktiven Gedanken kann neue Realitäten schaffen. Wenn ich sage »es wird«, »ich kann«, »ich lerne daraus«, »ich werde es tun«, »ich arbeite gut«, »ich mache Fortschritte«, »es erfordert Anstrengung, aber es läßt sich machen«, »ich sammle wichtige Erfahrungen«, dann hat es eine andere Auswirkung, als wenn ich sage »ich kann nicht«, »ich habe versagt«, »ich versuche«, »ich hatte nur Glück«, »ich bin nicht klug«, »ich bin nicht gut darin«, »das ist unmöglich«, »ich mache Fehler«.

»Tod und Leben stehen in der Gewalt der Zunge!« (Sprüche 18, 21). Wo Beziehungen zwischen Menschen funktionieren, ist das erste Erkennungszeichen immer eine kultivierte Kommunikation. Wo Beziehungen zerbrochen sind, hat kultivierte Kommunikation gefehlt. Negative Gedanken, denen man keine konstruktive Sprache entgegensetzt, führen zu Ängsten und Minderwertigkeitsgefühlen, Hilflosigkeit, Aggression, innerem Druck und Unsicherheit.

Wissen Sie noch, wieviel Energie und Originalität Sie aufgewendet haben, als Sie damals überlegten, auf welche Art und Weise Sie Ihrem Partner klarmachen können, was Sie für ihn empfinden? Und plötzlich wurde alles viel mühsamer. Nachdem die erste Anziehungskraft nachgelassen hat, stehen viele ganz hilflos da und realisieren, wie wenige Instrumente für eine anspruchsvolle Kommunikation in der Partnerschaft sie aus ihrem Leben mitgebracht haben. Oft beginnt es ganz harmlos. Man schluckt unangenehme Gefühle, statt sie zu äußern. Je häufiger der eine in einer Beziehung schweigend einsteckt, desto häufiger kritisiert und stichelt der andere. Ganz schnell entsteht plötzlich eine Pendelbewegung, die durch gegenseitige Kränkungen und Beleidigungen in Gang gesetzt wurde. Man ist unfähig, aus eigener Kraft anzuhalten. Vorwürfe provozieren Gegenvorwürfe, Beleidigungen ernten Drohungen, Entwertungen bekommen Beschuldigungen zur Antwort. Die Intensität des Hin und Her beschleunigt den Pendelschlag. Je härter der eine von der einen Seite schlägt, desto stärker wird auch der sich verteidigende Gegenschlag des anderen. Gemeinsam sind jenen Schlägen die oft abwertenden Nachrichten an die Adresse des anderen.

Über zehn Jahre meines Lebens war ich als Geistlicher für eine landeskirchliche Großstadtgemeinde verantwortlich. In einer alten ehrwürdigen Basler Kirche mußte ich eine Traupredigt halten. Die Kirche war mit einigen hundert Menschen bis auf den letzten Platz gefüllt. An diesem Tage war ich an einem persönlichen Tiefpunkt in meiner Ehe angelangt. Ich empfand mich seelisch ausgebrannt, enttäuscht und den Tränen nahe. Diese Traupredigt vor dieser fröhlichen Gesellschaft war eine der größten Kraftanstrengungen, an die ich mich erinnern kann. Jeden Satz rang ich mir mit Mühen ab. Ich predigte über die Hochzeit zu Kana (Johannes 2, 1–12). Und über das Wort aus dem Korintherbrief: »Wir haben einen Schatz in zerbrechlichen Gefäßen« (1. Kor 2, 4).

Die Geschichte zu Kana fing mit ausgelassener Freude an und endete fast im totalen Desaster, weil der Wein als Stimmungsmacher plötzlich ausging. Ein unerwartetes Wunder brachte die Wende. Auf Anweisung eines Gastes dieser Hochzeit wurden die leeren Krüge mit Wasser gefüllt, welches sich sodann in Wein wandelte. Der zweite Wein schmeckte allen unvergleichlich besser. Entsprechend wandelte sich auch die Stimmung.

Während dieser mühevollen Ansprache, wo es um die unerwartet leeren Weinkrüge ging, realisierte ich, wie leer ich mich selbst fühlte. Leer, wie ein völlig leergetrunkener Krug, und das schlimmste an dem Zustand war, daß ich den Glauben verloren hatte, je wieder aufgefüllt zu werden.

Mir wurde klar, daß die Weinkrüge dieser »Hochzeit zu Kana«

ein Bild für unser Leben sind. Unsere Beziehungen mögen am Anfang noch so phantastisch sein, eines Tages können sie verblassen und finden ihr Ende nicht selten in Enttäuschung und Verbitterung und Trennung. Sehr viele Beziehungen im beruflichen, aber besonders im privaten Umfeld, die einst verheißungsvoll begannen, gleichen später einem bis auf den letzten Tropfen ausgetrunkenen Krug, sind erschöpft und leiden unter Durst. Sie finden dann in unserem Narzißmus, in unseren Besitzansprüchen, in unseren Forderungen, in unseren Bedingungen und in unserer Machtgier ein Ende. Sie enden mit einer totalen unwiderruflichen Enttäuschung über den anderen.

»Wir haben einen Schatz in irdenen Gefäßen.« In dieser Aussage geht es um einen wertvollen Schatz und um ein zerbrechliches Gefäß. Schatz und Gefäß gehören nach diesem Satz zusammen, sind aber nicht dasselbe. Am Anfang einer Beziehung sehen wir nur den Schatz – den Wein – und sind so begeistert, daß wir gar nicht auf die Beschaffenheit des Kruges achten. Der Wein schmeckt und stimuliert unsere Stimmung. Er läßt uns die Form des Gefäßes, seine Natur und seine Eigenschaften vergessen. Der Höhepunkt einer Beziehung kann uns kurzfristig in das Glück einer schwärmerischen Bewunderung versetzen.

Wenn der Wein jedoch ausgetrunken ist, die Anziehungskraft, Bewunderung, der Sexappeal des anderen nachläßt, sehen wir plötzlich nur noch das Gefäß, seine Fehler, seine Risse, seine Sprünge, seine Kratzer. Wir stoßen uns an seinen Unebenheiten, seinen Farbflecken, seiner Brüchigkeit und seiner Zerbrechlichkeit. Wir schauen in den ausgetrunkenen Krug hinein und stellen fest, daß unser Krug nichts mehr zu bieten hat. Wir fühlen uns nicht verstanden, betrogen, enttäuscht, unbeachtet. Wir fragen uns, wie wir darauf reinfallen konnten. Es gibt nichts mehr, was eine Faszination für unseren Partner wecken könnte.

Und hier kann die Fortsetzung der Geschichte beginnen. Der zweite Wein beginnt zu fließen, wenn wir unsere Zuneigung zum anderen nicht mehr nur von der Frage abhängig machen: Was hast Du mir zu bieten? Hier beginnt der Entschluß für eine neue Betrachtungsweise des anderen. Die neue Beziehungsqualität (der neue Wein) kann dann ihren Anfang nehmen, wenn unsere immer nur zeitlich begrenzte Anziehungskraft an ihr Ende kommt. Wo der Sexappeal und die Sympathie an Bedeutung verlieren. Diese Liebe heißt nicht Eros, diese Liebe heißt Agape. Sie ist der zweite Wein, der besser ist als der erste.

Ich habe mich als junger Mann manchmal gefragt, wie alte Ehepaare noch glücklich sein können. Ich habe einige glückliche alte Paare getroffen und sie nach dem Geheimnis ihres Glücks gefragt. Ihr Geheimnis ist dieser Entschluß einer neuen Betrachtungsweise des Gegenübers, die über die Schwachheiten des anderen nicht den Stab bricht. Diese Ehepaare sagten, daß in diesem Sinne die zweite Etappe ihrer Beziehung noch besser war als die erste, schwärmerische und von Anziehungskraft geprägte. Der »zweite Wein«, sagten sie, schmecke besser als der erste.

Die ersten beiden Phasen der Bewunderung und der Desillusionierung entsprechen dem steigenden und fallenden Verlauf einer Sinuskurve. Zuerst galt unser Augenmerk nur dem Schatz, dem ersten Wein bis zum Höhepunkt, danach haben wir unsere Aufmerksamkeit nur noch auf das Gefäß gelenkt und an uns selbst gezweifelt, wie wir nur auf diese oder jene Person oder Personen hereinfallen konnten, bis wir am Tiefpunkt angelangt sind.

Wenn wir an eine Fortsetzung der Geschichte glauben können, dann gelangen wir in die dritte Phase der Betrachtung: Wir sehen den Menschen, wie er wirklich ist. Wir sehen das Gefäß. Das macht uns bisweilen betroffen, aber wir sehen auch den Schatz. Wir sind existentiell aufgefordert, eine unfertige und unvollkommene Situation anzunehmen.

In uns allen gibt es Züge, derer wir uns schämen, Beschränkungen, die wir am liebsten nicht wahrhaben wollen. Wir nehmen wahr, daß der Krug die vergehenden Stunden nicht ohne Veränderung an sich vorbeiziehen läßt. Je älter das irdene Gefäß wird, desto mehr müssen wir wegen des Inhaltes zu ihm Sorge tragen.

Wer das einsieht, der steht am Anfang eines ganz neuen Umganges in der Beziehung zu seinem Partner, einer Beziehung, die von Freundlichkeit und Verzeihen geprägt ist. Der Krug und der Wein – die menschlichen Unartigkeiten und die liebenswerten Seiten –, sie gehören zusammen.

Demnach ist der Partner kein Heuchler mehr, sondern er ist Schatz und Gefäß, die sich wechselseitig bedingen. Der gute Wein und die Risse im Krug, beide machen die Einzigartigkeit des Ganzen aus. Indem wir den anderen so sehen und über seine Fehler nicht mehr den Stab brechen, bleibt uns der Genuß des zweiten Weines nicht vorenthalten.

Johannes Czwalina

Mehr Barmherzigkeit

Barmherzigkeit ist die Übersetzung des lateinischen Wortes »misericordias«. Wörtlich übersetzt heißt das: »Wer ein Herz hat, das sich den Bedürftigen und Elenden zuwendet.« Das Gegenteil von Barmherzigkeit ist Hartherzigkeit und Teilnahmslosigkeit, soziale Kälte. Mitgefühl und Erbarmen sind Herzensangelegenheiten, aber Barmherzigkeit ist nicht nur eine Angelegenheit des Gefühls, sondern der realen Tat. Barmherzigkeit beseitigt nicht Ungleichheit zwischen Helfern und Hilfsbedürftigen, aber sie verbindet beide in einer Notgemeinschaft. So selbstverständlich Barmherzigkeit zu sein scheint, so selten geschieht sie spontan, denn sonst müßten wir nicht immer wieder an sie erinnert werden. Barmherzigkeit hat zudem nicht über Wahlmöglichkeiten rational zu entscheiden. Barmherzigkeit kalkuliert nicht, sie wägt nicht ab, sondern sie handelt. Wir benötigen eine Rückbesinnung auf die Kultur der Barmherzigkeit.

Dem Begriff Barmherzigkeit haftet der Ruf des Almosengebens an. Darum glauben viele, daß Barmherzigkeit heute fehl am Platz ist. Benachteiligte brauchen keine Barmherzigkeit, sagen sie, sondern Gerechtigkeit. Dafür ist ja auch unsere soziale Marktwirtschaft zuständig, dafür zahlen wir ja auch Steuern. Im Sozialismus war der Begriff Barmherzigkeit besonders verpönt. Das Wort Gerechtigkeit hat den frei gewordenen Platz eingenommen.

Weit gefehlt: Fehlt es an Mitleidensfähigkeit, breiten sich Gleichgültigkeit und Herzlosigkeit aus. Not wird anonym. Soziale Hilfe wird zur Aufgabe professioneller Helfer, die auf der Grundlage rechtlicher Vorgaben handeln. Funktionale Sozialarbeit und Gesetzgebung ohne Barmherzigkeit führen zu einer Verarmung des Menschen. Ohne Barmherzigkeit wird Gerechtigkeit zur Routine und somit seelenlos und kalt.

Die Leitfrage: »Wer ist zuständig für das Soziale?« führt am Ende weg von den Fragen der Zuständigkeit und hin zur

Grundfrage der die Menschlichkeit tragenden und stützenden geistlichen inneren Kräfte. Gerade unsere westliche Staatsform muß in der sozialen Frage viel konturierter als bisher von der Notwendigkeit des Mitleidens geprägt werden, und gerade die Besitzenden müssen zu größerer privater Opferbereitschaft sensibilisiert werden.

Der Egoismus unseres Wirtschaftens enthebt den einzelnen aus den Zumutungen der Solidarität. Die Kehrseite sind die vielen Einsamen, die in der modernen Wahlgesellschaft keinen Platz finden, die sich im freien Spiel der Kräfte nicht zu bewähren vermögen, wo immer sie sich anbieten. Die weltweit propagierte Autonomie geht einher mit dem Risiko, verlassen und allein gelassen zu werden.

Friedrich der Große, der »Philosophenkönig«, meinte seinerzeit noch: »Angenommen, vor ihren Augen fiele ein Unbekannter in einen Fluß. Würden sie ihn nicht vor dem Ertrinken retten? Und wenn sie einem Wanderer begegneten, den ein Mörder erschlagen will, würden sie ihm nicht zu Hilfe eilen und ihn zu retten versuchen? Das Gefühl des Mitleides wurde von der Natur in uns gelegt. Es treibt uns unwillkürlich an, einander beizustehen und die Pflichten gegenüber unseren Nächsten zu erfüllen. Sind wir also selbst Unbekannten Beistand schuldig, so schließe ich daraus, daß wir ihn erst recht unseren Mitbürgern schulden, mit denen wir durch den Gesellschaftsvertrag verbunden sind.«

Das Gleichnis Jesu vom barmherzigen Samariter spricht den Sachverhalt so an: Jesus wird gefragt: »Wer ist mein Nächster?« Er antwortet mit der Erzählung des Gleichnisses und kehrt dabei die Frage um. Wem bin ich der Nächste? Der Samariter trägt nicht den Beinamen »der Gerechte«, sondern den Beinamen »der Barmherzige«.

Von den Reichen werden in vielen Religionen und Weltanschauungen nicht ohne Grund Almosen erwartet. Das Wort Almosen stammt von dem griechischen Wort »eleemosyne«, d.h. Mitleid. Erwartet wird Anteilnahme, nicht ein plump aus dem Geldbeutel gefallener Batzen.

Wenn Menschen nach ihren Stärken gefragt werden, erhält

man oft spontan die Antwort: »Ich bin besonders belastungsfähig«. »Belastbarkeit« ist aber auch jene Eigenschaft, deren sich die Abgestumpften rühmen. Mitleidensfähige Menschen sind auch belastbar, aber ihre Belastbarkeit äußert sich darin, daß sie betroffen sind und das Leiden der anderen ertragen und mittragen und mitleiden, statt vom Tisch zu wischen – daß sie in bezug auf das Wort Barmherzigkeit keine Entfremdung erlebt haben.

In einer der ältesten Straßen Lichterfeldes lag früher der Gemüseladen von Frau Zech. Bei ihr kauften Beschäftigte der – damals hinter dem Parkfriedhof gelegenen – Firma Telefunken ein. Die Berufstätigen hätten bei Arbeitsbeginn und Arbeitsschluß sonst nur geschlossene Läden vorgefunden.

Im Telefunkenbetrieb leisteten auch »Sternträger« Zwangsarbeit. Sie durften lediglich eine halbe Sunde vor Geschäftsschluß bei Frau Zech einkaufen, zu einem Zeitpunkt also, zu dem die Ware fast ausverkauft war. Darum sprach die Gemüsehändlerin mit ihren jüdischen Kunden ab, daß sie am Morgen ihre Netze an die Hintertür hängen sollten. Das galt als Bestellung und konnte abends abgeholt werden.

Die Geschäftsinhaberin wollte auch ihren jüdischen Kunden »anständige« Ware zukommen lassen. Mit ihrem humanen Verhalten riskierte sie einiges. Der Kreis derjenigen, die in Lichterfelde davon wußten, war nicht klein. Aber niemand sagte etwas.

Hans-Rainer Sandvoss

In: »Widerstand in Steglitz und Zehlendorf« über: Gemüsefrau Zech, Berlin Lichterfelde 1933–1945; aus der Schriftenreihe »Widerstand in Berlin 1933–45«

Bäckermeister Georg Hillmann unterstützte selbstlos viele bedrohte und hungernde Menschen. Besonders dramatisch erscheint dabei das Schicksal der jüdischen Familie Wolf.

Herr Wolf war 1942 von Siemenskollegen auf seine drohende

Verhaftung hingewiesen worden. Mit seiner hochschwangeren Frau suchte und fand er in der Lichterfelder Bäckerei Rettung. Bald darauf kam im Kohlenkeller (einem Nebenraum der Backstube) das Kind zur Welt. Bäcker Hillmann wusch es sauber und sorgte in der nun folgenden Zeit für Verpflegung und Kleidung. Bis zur Einberufung durch die Wehrmacht (Ende 1943) war ihm der Lehrling Martin Peter ein Helfer und Vertrauter. Dagegen mußte vor einem nazitreuen Angestellten die Hilfsaktion äußerst geheimgehalten werden.

Für das jüdische Ehepaar begannen Jahre wechselnder Beherbergung und der Wanderschaft. Tagsüber fuhren sie getrennt mit der S-Bahn durch Berlin und trafen sich dann an verabredeten Orten. Häufig war die Familie auseinandergerissen und flüchtete in ständiger Angst durch die Stadt. Konnten sie manchmal des Winters im Keller bei Hillmann nächtigen, so war es bei freundlicheren Temperaturen oft eine Parkbank. Ohne Lebensmittelkarten brachte sie der Bäcker durch die Not. Sie überlebten.

Hans-Rainer Sandvoss

In: »Widerstand in Steglitz und Zehlendorf« über: Bäckermeister Hillmann, Berlin Lichterfelde 1933–1945; aus der Schriftenreihe »Widerstand in Berlin 1933–45«.

Mehr Vertrauen und Treue

Vertrauen ist uns in früher Kindheit im positiven oder im negativen Sinne mitgegeben worden. Vertrauen war das Hauptelement, mit dem wir als Kinder aufgezogen wurden. Wir haben unsere Nahrung verläßlich bekommen. Wir konnten uns ohne Überlegung auf den Schutz verlassen. Wir sind vor allen Angriffen der Natur: Kälte, Hitze, Feuchtigkeit und Dunkelheit geschützt worden. Das Bedürfnis nach Verläßlichkeit begleitet uns seither unser Leben lang: beim Einsteigen ins Flugzeug, beim Einnehmen von Medikamenten, beim Befolgen eines Ratschlages. Unser heutiges Wort »Kredit« leitet sich ab vom lateinischen *credere*: vertrauen, glauben. Ein Kreditinstitut bildet demnach ein Vertrauensinstitut.

Vertrauen ist die emotionale Kraft, sich ohne Absicherung und Kontrolle in die Obhut eines anderen zu begeben. Vertrauen fällt einem nicht einfach zu. Man gewinnt es, indem man es gewährt. Es bedarf des Vorschusses. Vertrauen hat mit Verläßlichkeit und mit Glaubwürdigkeit zu tun, d.h., der andere muß sich darauf verlassen können, daß das Gegenüber mit Sicherheit das tut, was es verspricht.

Vertrauen hat, wie das deutsche Wort schon ahnen läßt, etwas mit »Treue« zu tun. Das hebräische Wort für Treue bedeutet Dauerhaftigkeit in persönlichen Beziehungen.

Wenn wir einander vertrauen, sind wir offen zueinander, dann haben wir den Mut, nicht nur unsere äußere Fassade zu spielen, sondern auch einander unsere Schwächen mitzuteilen, weil man weiß, daß Offenheit nicht mißbraucht wird. Eine Beziehung, die sich durch Vorbehalte nicht einander verschließt, durchbricht Einsamkeit, und man nennt sie Freundschaft. Es kann keine Freundschaft ohne Vertrauen geben und kein Vertrauen ohne Integrität.

Es besteht auch ein nachvollziehbarer, direkter Zusammenhang zwischen Vertrauensniveau und Problemlösungsfähigkeit. Nur mit Vertrauen läßt sich die zunehmende Komplexität unseres privaten und beruflichen Lebens meistern, nur mit Vertrauen fließen weniger Energien in ökonomisch unproduktive Bahnen von kräfteverzehrenden Kampfstrategien. Nur mit steigendem Vertrauen nimmt sowohl das Ausmaß als auch die Qualität ausgetauschter Informationen zu.

Doch wie gewinnen wir Vertrauen, und wie können wir Vertrauen aufbauen? Vertrauen ist mit einem Entwicklungsprozeß gekoppelt. Zur Vertrauensbildung braucht es eine gesunde Vorgeschichte. Manche Menschen haben keine gesunde Vorgeschichte und konnten kein Vertrauen aufbauen. Da viele Beziehungsprobleme ihren Ursprung in Vertrauenskrisen haben, sollte man sich Gedanken darüber machen, ob man seiner persönlichen Vorgeschichte stillschweigend die Kontrolle über Beziehungsunfähigkeit überlassen soll.

Wer Vertrauen aufbauen will, hält seine Versprechungen. Menschen bauen Hoffnung auf Versprechen auf. Wer Versprechungen hält, baut Vertrauen auf. Nur diejenigen, die auch verläßlich sind, ernten Respekt und werden ernst genommen. Für sie ist man auch bereit, sich einzusetzen.

Der Vertrauende gibt Freiraum und damit auch eine Fehlertoleranz. Er spricht die Sprache der Ermutigung und stärkt das Selbstvertrauen des anderen. Er schafft einen weiten Raum, in dem keine Angst herrscht. Der Vertrauende lastet Fehler nicht den anderen an. Er schiebt seine eigenen Fehler nicht auf die anderen, und die Fehler der anderen verantwortet er nach außen und nach oben hin und zählt sie auch zu seinen eigenen Fehlern.

Vertrauen und Treue können nicht verordnet werden. Treue ist eine Haltung, die aus einem Prozeß der Wertschätzung wächst. Treue ist nicht die Grundlage, sondern die Folge von Freundschaft und Liebe. Eine Beziehungskrise kann nicht mit einem Treuebefehl gemeistert werden. Man würde eine Erscheinungsform der Liebe verabsolutieren. Der Begriff der Treue würde dann zu einem Wert an sich erklärt, der jede weitere Reflexion und Analyse über die Motive, weswegen Menschen beieinander bleiben oder auseinandergehen, erübrigt und ausschaltet. Wenn eine Gemeinschaft und eine

Liebe sich bewährt haben, können sie durch das Versprechen der Treue noch fester werden. »Ich bleibe auch bei dir, wenn du versagst. – Ich werde dich nicht fallenlassen, wenn du schwach wirst.« Ein solches Treueversprechen bewirkt bei dem Gegenüber ein Wohlgefühl und fördert seine Lebenskraft und seine Arbeitsfreude.

Echte Beziehungen bewirken Treue, und umgekehrt zeigen der häufige Wechsel, die vielen Enttäuschungen, die Trennungen, daß viele Beziehungen nicht echt, sondern nur egoistische Zweckbeziehungen sind.

Zwischenmenschliche Beziehungen werden immer mehr voluntaristisch, nutzenorientiert und unverbindlich benutzt. Sie müssen dem einzelnen etwas bringen und ihn auf irgendeine Weise bereichern. Sie sind unverbindlich, weil der einzelne seine Autarkie bewahren möchte. Entsprechend lax ist der Umgang mit Versprechen. Viele Beziehungen werden durch nicht eingehaltene Versprechungen belastet und zerstört. Auch Hoffnung wird dadurch zerstört. Es gibt viel Mißtrauen und Vertrauensverluste durch nicht eingehaltenes Versprechen.

Vertrauen ist immer besser als Mißtrauen. Ein altes spanisches Sprichwort sagt: Besser zu laufen und nie zum Ziel zu kommen, als nicht zu laufen. In bezug auf das Vertrauen bedeutet das Sprichwort: Es ist besser, einmal zuviel als zuwenig zu vertrauen. Der Verlust von Vertrauen ist schlimmer als der Verlust von Geld. Nicht das Vertrauen, sondern das Geld ist zweitrangig. Vertrauen ist die Voraussetzung für Kooperation und langfristiges zwischenmenschliches Wachstum.

Die Nachricht kam per Telefon: Mémé, 95, war in dieser Nacht in Paris gestorben. Ich reiste nach Paris, um sie ein letztes Mal zu sehen. Grandmère lag im Sarg, abgemagert, nur noch eine leere Hülle. Sie war ausgelebt, ausgeliebt, ausgeweint, ausgeschmerzt: Und trotzdem: Auf ihren Lippen ein letztes, geheimnisvolles, zufriedenes Lächeln eines vollendetes Leben, so wie es nach 95 Jahren Leben ist.

Sie hatte keine besonderen Vorkehrungen für ihr Begräbnis getroffen, außer einer: Man sollte ihre sehr langen, dünnen weißblonden Haare, die sie, soweit ich mich erinnern konnte, in einem Knoten getragen hatte, auf ihren Schultern und Brust ausbreiten.

Ein Jahr später starb mein Großvater. Zwei Wochen vor seinem Tod bat er mich an sein Bett.

Er lag in einem Sterbezimmer, einer Dachkammer eines Spitals außerhalb von Paris. Zwanzig Betten waren darin, besetzt mit alten Männern. Einige Betten waren von den restlichen durch eine Trennwand abgeschirmt. Dichte, intensive, schwere Atmosphäre herrschte in dem Raum.

Grandpère lag in einem elektrischen »Schüttelbett«. Die Situation war grotesk.

Kaum sahen wir uns, existierte der Raum, die Sterbenden, das Elend nicht mehr. Er lag da, stolz und gepflegt, den Schnauz, den ich als Kind so oft gedreht hatte, frisch aufgebessert, die Spitzen wie eh und je nach oben gerichtet. Lange schauten wir uns an, still, unsere Blicke vereinigt, mehr sagend als tausend Worte.

Dann sprach Grandpère mit einer ruhigen, müden Stimme: Weißt Du, Dany, ich will Dir ein Geheimnis anvertrauen, als Erbe sozusagen. – Er lächelte: Ich habe Deine Großmutter mein ganzes Leben geliebt. Vor vierundfünfzig Jahren haben wir uns bei der Hochzeit ein Versprechen gegeben: Wir wollten uns gegenseitig niemals betrügen. Falls das Versprechen nicht eingehalten würde, hätte sie sich die Haare geschnitten und ich meinen Schnauz abrasiert. Siehst Du, ich habe ihn immer noch…«

Grandpère lächelte zufrieden und schloß die Augen. Das waren seine letzten Worte.

Es war still und schön im Raum. Wir waren beide weit, weit weg. Ich ging leise.

Zwei Wochen später starb Grandpère. Im Sarg lag er, stolz, den Schnauz frisch aufgebessert, die Spitzen nach oben gedreht. Auf seinen Lippen weilte ein geheimnisvolles, zufriedenes Lächeln…

Danièle Sigrist-Barrette

Geboren 1941, Basel; in einem Brief an den Autor vom 15. Oktober 1998.

Sinn

Mehr Sinn

Bei einem Seminar über »Sinn- und Identitätsfindung in der Leistungsgesellschaft« in einem weltweit führenden Automobilkonzern begann ein Entwicklungschef mit dem Statement: »Für mich ist Sinn: Sex, Essen, Trinken, Schlafen.« Zu mir gewandt, sprach er: »Wenn Sie innerhalb dieser aufgezählten Bereiche bleiben, halte ich Ihr Seminar für sinnvoll. Darüber hinaus darf es nicht gehen, da es sonst für mich schädlich sein könnte. Für meine Leute am Fließband wäre das geradezu gefährlich und würde ihre Arbeitsproduktivität erschüttern, wenn sie weitergehend über den Sinn ihres Daseins nachdenken würden.« Ich verstehe sein Denken durchaus – aber werden Fragen, die uns bewegen, wirklich beantwortet?

Gerade erfolgreiche Menschen können unter einer Art »ungestilltem Hungergefühl« leiden. Dabei tun sie sich schwer, diesen Zustand in Worte zu fassen.

Teilaspekte dieses Hungergefühls beziehen sich auch auf ihr empfundenes Defizit an Liebe, auf den Mangel an tiefen Beziehungen, die fehlende Sicht auf eine Zukunft, die sie getrost nach vorne blicken lassen könnte, den Mangel an Harmonie, den Mangel an Befriedigung, die sie sich durch das Erreichen ihrer Ziele erhofft hatten etc. Aber es sind immer nur Teilaspekte. Kein Wunder, daß es schwer fällt, darüber zu sprechen. Über die Sinnleere kann man ja auch nicht wie von einem Gegenstand sprechen, weil Sinn kein Gegenstand ist, sondern sich auf das Wesenhafte bezieht.

Alfred Herrhausen, ehemaliger Vorstandssprecher der Deutschen Bank, schreibt: »Warum bewegt oft echte Resignation die Menschen, weshalb beschleicht uns Unbehagen, die einen bewußt, die anderen, zahlreicheren, unbewußt? Offenbar ist nicht die ganze Rechnung aufgegangen. Ein Unbehagen hat sich eingestellt. Die Gefahr, in der wir uns ohne Zweifel befinden, ist gekennzeichnet durch die Tatsache, daß deshalb wesentliche Güter, die keinen Marktwert haben, an den Rand der Werteskala geraten« (in: Denken, Ordnen, Gestalten, Berlin 1990).

Sinn hat nichts mit materiellen Werten zu tun: In Nachkriegszeiten oder nach verschiedenen Katastrophen beobachtet man, daß viel weniger Menschen Selbstmord begehen als in den sogenannten »guten« Zeiten. Es ist demnach eine falsche Schlußfolgerung, daß das Leben sinnlos ist, wenn es schwierig ist oder wird. Das Wohlleben im Westen entlastet also keineswegs, sich der Sinnfrage zu stellen.

Erich Fromm bezeichnete darum die Verunsicherung am fehlenden Sinn schlicht als die Krankheit des 20. Jahrhunderts. Mit dieser Feststellung entlarvt er die Not des Menschen im postindustriellen Zeitalter. Umgekehrt sieht es Freud. Im Gegensatz zu Fromm bezeichnet Freud nicht etwa den fehlenden Sinn, sondern umgekehrt die Frage und die Suche nach dem fehlenden Sinn als Krankheit. In einem Brief an Marie Bonapart erwähnt er: »Im Moment, da man nach dem Sinn/Wert des Lebens fragt, ist man krank, denn beides gibt es ja in objektiver Weise nicht« (Sigmund Freud/Marie Bonapart, Briefwechsel, Frankfurt 1977). Sein Menschenbild zeigt den Menschen als triebbedingtes und triebbewegtes Wesen, dem die existentielle Dimension von geistigen und spirituellen Werten abgesprochen wird. »Religion« ist daher für Freud auch lediglich ein pathologisches Phänomen.

Freud oder Fromm? Natürliches Bedürfnis oder Krankheit? Wie auch immer, das Phänomen ist allgegenwärtig und nicht wegzudiskutieren. Der Hunger nach mehr, der Hunger nach Lebenssinn ist zu Beginn des neuen Jahrtausends mehr denn je spürbar. Sollen wir Freud oder Fromm folgen? Das bedeutet entweder, das Hungergefühl zu bejahen und das Risiko des Leidens auf sich zu nehmen, oder das Hungergefühl selbst als Krankheit zu bezeichnen und zumindest nach außen hin die Rolle des Gesunden zu spielen.

Einige glauben, daß diejenigen krank sind, die nach dem Sinn des Lebens fragen, andere glauben, daß diejenigen krank sind, die nicht mehr nach dem Sinn fragen.

Wenn wir die wichtigen Fragen in unserem Leben beantworten wollen, müssen wir zwischen Lösungen erster Ordnung und zweiter Ordnung unterscheiden. Lösungen erster Ordnung entspringen unserem gesunden Menschenverstand. Eine solche Lösung liegt vor, wenn wir bei zunehmender Kälte uns immer wärmer anziehen, wenn wir bei zunehmendem Hunger mehr essen, bei zunehmender Müdigkeit mehr schlafen, bei zunehmendem Durst mehr trinken etc. Aber diese Lösungen greifen bei vielen Fragen nicht tief genug. Oft genügt diese Lösung »mehr desselben« nicht. Wenn wir z.B. einen depressiven Menschen immer mehr aufmuntern, wird das seine Depression noch vertiefen, da wir ihm zu seiner Traurigkeit noch das schlechte Gewissen einimpfen, daß er überhaupt traurig ist. Oder wenn wir Probleme beim Einschlafen haben, dann sind die verstärkten Versuche, den Schlaf willentlich herbeizuführen, zum Scheitern verurteilt.

Mit den Lösungen zweiter Ordnung, die oft absurd, unerwartet, überraschend oder paradox erscheinen, verlassen wir die erste Ebene und heben die zu lösende Problemsituation aus dem paradoxen Teufelskreis heraus, in den sie die bisherigen Lösungsversuche geführt haben. Dabei ergibt sich ein neuer weiterer Rahmen. Eine solche Lösung zweiter Ordnung brauchen wir auf unserer Suche nach dem Sinn. Wer Befreiung sucht, muß den Mut haben, sich von traditionellen Erfolgsmustern zu verabschieden sowie Unverständnis oder gar Spott seiner Umwelt in Kauf zu nehmen.

Sinn finden wir nicht durch Leistung!

Wenn wir uns unabhängig von unserer Leistungskraft, unserer momentanen Nützlichkeit, unserem akademischen Grad, unserem Gesundheitszustand oder unserem Aussehen als wertvoll anerkennen wollen, dann führt der Weg in unsere Kindheit zurück, auch wenn wir schon alt sind.

Die ersten sinnerfüllten Erfahrungen hatten mit uns allein und nicht mit einer von uns erbrachten Leistung zu tun. Wir hätten uns damals unseren Sinn nicht selbst geben können. Wie wichtig und willkommen wir waren, konnten wir uns nicht selbst sagen.

Wir verdanken also unsere ersten Erfahrungen und damit die Grundlagen für unser späteres Suchen nach Sinn und Identität nicht einer Leistung, sondern einer Beziehung, die wir uns nicht erleisten mußten.

Könnte die Kindheit nicht in einem noch tieferen Sinn Kompaß sein und Vorgeschmack auch darauf, wie wir eine tragende Identität finden?

Identität kann man sich nicht erwerben, sie kann nicht von unserer Anstrengung abhängen. Sie wird uns vor aller Anstrengung geschenkt. Sie kann nicht zum Ziel unserer Leistungen werden, sondern ist nur als Ausgangspunkt unserer Leistungen denkbar.

Wer bin ich?

Wer bin ich? Sie sagen mir oft,
ich träte aus meiner Zelle
gelassen und heiter und fest
wie ein Gutsherr aus seinem Schloß.

Wer bin ich? Sie sagen mir oft,
ich spräche mit meinen Bewachern
frei und freundlich und klar,
als hätte ich zu gebieten.

Wer bin ich? Sie sagen mir auch,
ich trüge die Tage des Unglücks
gleichmütig, lächelnd und stolz,
wie einer, der Siegen gewohnt ist.

Bin ich das wirklich, was andere von mir sagen?
Oder bin ich nur das, was ich selbst von mir weiß?
Unruhig, sehnsüchtig, krank, wie ein Vogel im Käfig,
ringend nach Lebensatem, als würgte mir einer die Kehle,
hungernd nach Farben, nach Blumen, nach Vogelstimmen,
dürstend nach guten Worten, nach menschlicher Nähe,

zitternd vor Zorn über Willkür und kleinlichste Kränkung,
umgetrieben vom Warten auf große Dinge,
ohnmächtig bangend um Freunde in endloser Ferne,
müde und leer zum Beten, zum Denken, zum Schaffen,
matt und bereit, von allem Abschied zu nehmen?

Wer bin ich? Der oder jener?
Bin ich denn heute dieser und morgen ein anderer?
Bin ich beides zugleich? Vor Menschen ein Heuchler
und vor mir selbst ein verächtlich wehleidiger Schwächling?
Oder gleicht, was in mir noch ist, dem geschlagenen Heer,
das in Unordnung weicht vor schon gewonnenem Sieg?

Wer bin ich? Einsames Fragen treibt mit mir Spott.
Wer ich auch bin, Du kennst mich, Dein bin ich, o Gott!

Dietrich Bonhoeffer

Theologe, geboren am 4. Februar 1906 in Breslau, ermordet am 9.April 1945 im KZ Flossenbürg; in: Dietrich Bonhoeffer: Widerstand und Ergebung, München 1983, S. 179.

Job oder Lebensaufgabe?

Jeder Mensch stellt eine einzigartige, unverwechselbare Kombination von Stärken und Schwächen, von Talenten und Eigenheiten dar. Jede Falte im Gesicht, jedes Lächeln, jede Trauer im Herzen, jede persönliche Angst ist individuell und unverwechselbar. Persönlichkeit und Unverwechselbarkeit resultieren nicht aus Zufällen. Mit der Singularität jedes einzelnen korrespondiert auch eine einzigartige Lebensaufgabe, zu der genau jene Charaktermerkmale benötigt werden, die gerade dieser bestimmte Mensch hat. Das Auffinden dieser Lebensaufgabe gehört mit zum tieferen Sinn des Lebens, und ihre Einlösung gehört zur persönlichen Erfüllung.

Je stärker die Vorstellung der eigenen Lebensaufgabe entwickelt und konkretisiert wird, desto mehr werden wir von äußeren Turbulenzen unabhängig und können zu der Reife gelangen, die für unsere Persönlichkeit kennzeichnend wird. Je mehr wir unsere eigene Lebensaufgabe verwirklichen und vollenden, desto näher gelangen wir zur persönlichen Erfüllung.

Unter diesem Gesichtspunkt ist auch die Lebensaufgabe etwas anderes als ein Job. Sie ist höher als der Job, der heute kommt und morgen geht. Die Lebensaufgabe ist auch nicht den Unberechenbarkeiten des Marktes unterworfen. Eine Lebensaufgabe kann auch bleiben, wenn der Job verlorengeht. Wenn der Mensch in seinem Leben einen Sinn gefunden hat, dann ist er zu sehr vielem fähig. Er ist bereit, auf bestimmte Dinge zu verzichten und gegebenenfalls Opfer auf sich zu nehmen. Für vieles, das zuvor im Bereich des Unmöglichen und Unerreichbaren lag, hat er plötzlich die Kraft, den Willen und die Motivation.

Das Imas-Institut hat Tausende von Menschen befragt, vor welchem Menschentypus sie den höchsten Respekt haben. Das Resultat war: Nicht die berühmten Gelehrten, Wissenschaftler, Künstler, Sportler oder Astronauten sind Vorbilder, sondern Menschen, die in selbstloser Weise anderen helfen, und vor allem Menschen, die ein schweres Schicksal mit Würde meistern.

Halten wir fest: Menschen können sogar unvorstellbare Nöte und Leiden aushalten, wenn sie einen Sinn gefunden haben. Die Sinnerfahrung kulminiert oft in der Erfahrung einer Aufgabe für andere. Ohne aus der Zwangsjacke der eigenen Bedürfnisbefriedigung herauszutreten, ist es nicht möglich, Sinn zu finden. Sinn und eine Aufgabe für andere gefunden zu haben, gehören zusammen.

Hermann Hesse, Nobelpreisträger für Literatur 1946, sagte einmal: »Den Sinn erhält das Leben einzig durch die Liebe. Das heißt: Je mehr wir zu lieben und uns hinzugeben fähig sind, desto sinnvoller wird unser Leben.«

Der Weg in die Freiheit fängt jedenfalls an mit der persönlichen Frage: Spüre ich etwas von einer »Lebensaufgabe«, einem Sinn, der über den Zufälligkeiten des Alltags mir durch Entscheidungen von außen nicht genommen werden kann?

Es ist interessant, daß auch die Psychologen neuerdings den Begriff der »Berufung« wiederentdeckt haben. Dieser ursprünglich biblische Ausdruck bezeichnet den Moment, in dem ein Mensch aus seinem Beruf heraus in seine Lebensaufgabe hineingeführt wird. In der Lebensaufgabe oder Berufung lassen sich persönliche Begabungen und individuelle Voraussetzungen viel eher umsetzen, als dies im Beruf möglich ist. Die Berufung verdeutlicht einen viel höheren Stellenwert, was selbstverständlich das berufliche Handwerkzeug mit einschließen kann. So ist nach einem Bericht der Zeitschrift »Psychologie heute« (1998, Heft 5) der Psychotherapeut James Hillmann davon überzeugt, daß der Mensch lebe, um Begabungen zu entfalten, einen persönlichen Plan zu erfüllen und um eine »Spur unserer Erdentage« zu hinterlassen. Nach seiner Meinung gelinge die eigentliche Menschwerdung erst, wenn man in Einklang mit der eigenen Bestimmung lebe und der Berufung folge. »Wer dies tue, spüre immer wieder, wie ›Etwas‹ versuche, uns in eine bestimmte Richtung zu drängen. Eine innere Stimme sage:

›Das mußt du tun. Das ist deine Berufung. Das ist deine Rolle im Leben.‹ Das Nichtbeachten der Berufung komme einer seelischen Selbstverstümmelung gleich« (Idea Spektrum, 18/1998).

Wer etwas von seiner persönlichen Lebensaufgabe (Berufung) weiß, die viel mehr beinhaltet als Karriereziele, hat einen Schlüssel entdeckt, nicht von Umständen getrieben zu werden. Er hat eine Vision für sein Leben und seine gesteckten Ziele. Er hat einen Kompaß in der Hand, der ihn davor bewahrt, die Fassung zu verlieren, wenn es beruflich auch einmal bergab geht.

Zur Lebensaufgabe gehört das persönliche Wissen über die eigene Identität, den eigenen emotionalen Anker, die eigene Selbstachtung, das eigene Selbstwertgefühl. Dieser Mensch ist nicht Spielball von Umständen und vom Denken anderer Leute. Er trifft seine Entscheidungen immer in Ausrichtung auf seine Aufgabe, die nach seiner Überzeugung seinem Dasein auf dieser Welt ihre Bedeutung verleiht.

Victor Frankl sagte einmal sinngemäß, daß jeder in seinem Leben seine spezifische Berufung hat, in der er nicht zu ersetzen ist. Die Aufgabe eines jeden ist so einzigartig wie seine Möglichkeit, sie zu erfüllen.

Das gilt schon für die Erziehung der Kinder: Jene Eltern sind besser dran, die mit ihren Kindern mehr über wertvolle Ziele und wertvolle Sinnfindung sprechen als die Eltern, die immer über wertvolle Verhaltensweisen mit ihren Kindern streiten. Diese Eltern denken viel zu oft an Themen wie gutes Verhalten, Höflichkeitsformen, Fleiß, Regeln, Pünktlichkeit und Kontrolle, anstatt ihren Kindern weit ausgelegte Zukunftsperspektiven ans Herz zu legen, ihre Talente und Träume zu begleiten, Geborgenheitsgefühle zu vermitteln, bedingungslose Liebe zu schenken und Sinn zu vermitteln.

Aus der Rückschau auf mein Leben ist mir zur festen Gewißheit geworden: Sinn trotz durchkreuzter Pläne und unerfüllter Wünsche.

Am Anfang mußte ich moralisch unten durch, doch ich hatte überlebt, und was folgte, war für mich ein wiedergeschenktes Leben, dank auch meiner Frau, die mich unterstützte und immer für mich da war.

Ein wichtiges Gut ist für mich meine geistige Beweglichkeit. Diese möchte ich mir möglichst lange erhalten. Ich möchte neugierig bleiben. Von entscheidender Bedeutung ist für mich auch mein Umgang mit Menschen: Empathie, Ehrlichkeit und Heiterkeit sollen wegleitend sein in der Gestaltung meines Umfeldes, sei es privat oder im Spital. Kindern möchte ich Mut und Zuversicht einflößen und ihnen sagen: »Packen wir's gemeinsam an! Hab keine Angst, denn ich helfe Dir ja, wenn es nötig ist. Ich erwarte von dir nicht mehr, als du kannst.« Natürlich möchte ich Kindern noch vieles mehr mitgeben. Ermutigen aber halte ich als Lehrer für meine erste Pflicht.

Rudi Isler

Lehrer, Wiezikon, Schweiz, geboren 1943; in einem Brief an den Autor im Juli 2001.

Er überlebte mit 21 Jahren 1964 einen Sturz aus acht Metern Höhe. Aufgrund eines dreifachen Schädel- und Halswirbelsäulenbruchs ist er seither querschnittsgelähmt (Tetraplegiker). Trotzdem ist er seit 33 Jahren ohne Unterbrechung als Lehrer tätig.

An jenem 17. Mai vor vier Jahren schwebte ich auf Wolken. Ueli war am Morgen nach Spiez gekommen, um mich abzuholen und gleichzeitig alle meine Sachen zu zügeln, die ich in unser neues Zuhause mitnehmen wollte. Ich war der glücklichste Mensch. In zehn Tagen wollten wir heiraten. Auf dem Rückweg machten wir halt bei den Schwiegereltern. Vor der Weiterfahrt wollten wir noch kurz nach den Kätzchen sehen, von denen wir eins als Geschenk erhalten sollten. Voller Freude hüpfte ich über den Heuboden, trat auf ein morsches Brett und fiel viereinhalb Meter in die Tiefe. Nach dem Aufprall war ich wohl für einen Moment bewußtlos. Als ich wieder zu mir kam, merkte ich, daß ich mich nicht mehr bewegen konnte und fast keine Luft mehr bekam. Ich spürte instinktiv, daß mir etwas zugestoßen war, das nie mehr in Ordnung kommen würde. Wie ein Blitz durchfuhr es mich: Aber Ueli braucht doch jemanden, der auf dem Hof mit anpackt. Obwohl es mir fast das Herz zerriß, war mein Entschluß in derselben Sekunde gefaßt. Noch auf dem Unfallplatz sagte ich zu meinem Bräutigam: »Ich gebe dich frei.« Die ersten Tage im Paraplegikerzentrum waren schlimm. Immer wieder fragte ich mich: Warum ausgerechnet ich? Ich hatte mich so auf meine Arbeit als Bäuerin gefreut. Nun lag ich da, bewegungslos, und konnte nicht sprechen. Es gab Momente, wo ich überhaupt keinen Lebenssinn mehr sah. In meiner Verzweiflung betete ich: Gott, zeig mir, wie es weitergehen soll. Auch Ueli steckte im Wechselbad der Gefühle. Im Gebet erhielten wir unabhängig voneinander die Gewißheit, daß wir trotz meines Unfalls füreinander bestimmt sind und daß wir die Kraft erhalten werden, unser Leben gemeinsam zu meistern.

Oft war ich nahe daran aufzugeben. Doch ich dachte an Ueli. Obwohl ihm die Ärzte klaren Wein eingeschenkt hatten, hielt er zu mir. Es gab Phasen, wo ich voller Auflehnung, Verzweiflung, Wut und Selbstmitleid war. Denn so viel war mir klar: Ich würde nie mehr gehen können. Ich kam mir vor wie ein Baby, total abhängig. Ich lernte sehr mühsam einfachste Verrichtungen wie Zähneputzen oder Haarekämmen.

Als Ueli und ich uns kennenlernten, war er ein erfolgreicher Bergläufer. 1992 wurde er ins Nationalkader aufgenommen. Mein Unfall stellte ihn nicht nur in unserer Beziehung und im Beruf vor neue Tatsachen, sondern führte auch zu einem Karriereknick.

Leute, die mich als gesunde Frau gekannt hatten, wußten nach meinem Unfall oft nicht recht, wie sie mir begegnen sollten. Entweder waren sie überfreundlich oder behandelten mich, als wäre ich geistig behindert. Heute haben sie sich daran gewöhnt, daß der Rollstuhl ein Teil meiner Persönlichkeit ist.

Ich bin glücklich, daß Ueli sein Leben mit mir teilt, und zwar aus Liebe. Das motiviert mich immer wieder, scheinbar Unmögliches zu versuchen.

Der Unfall hat unsere Pläne durchkreuzt. Doch längst ist uns klargeworden, daß Gott in unser Leben eingegriffen hat, weil er uns einen anderen Weg weisen wollte. Er hat uns berufen, für andere Menschen da zu sein und zu erzählen von der göttlichen Führung, die wir erfahren haben. Daß wir ein offenes Haus haben, ist eine logische Entwicklung, denn immer wieder finden Menschen zu uns – vor allem junge. Viele brauchen bloß jemanden, der ihnen zuhört.

Mein Unfall hat unser Leben auf den Kopf gestellt. Ueli und ich lernten, unsere Prioritäten anders zu gewichten. Doch das hat uns neue Lebensqualitäten eröffnet, unsere Liebe und unseren Glauben verändert und vertieft.

Regula Horisberger

Geboren 1969. Zehn Tage vor ihrer Hochzeit stürzte Regula Horisberger viereinhalb Meter in die Tiefe. Seither ist sie Tetraplegikerin; Auszug aus einem Interview von Regula Horisberger in: Meyers Modeblatt 7/2000, S. 36–39.

Als ich Regula zum ersten Mal sah, spürte ich, daß sie mir mehr bedeutet als andere Frauen. Sie besaß alles, was ich mir von der Partnerin an meiner Seite wünschte: Sie hatte Freude an der Landwirtschaft und war bereit, mich in dieser Arbeit zu unterstützen. Sie hatte Verständnis für meine Ambitionen im Spitzensport als Bergläufer, und der christliche Glaube war ihre Lebensbasis.

Wir malten uns die Zukunft in den schönsten Farben aus. Und dann dieser fürchterliche Unfall, nur wenige Tage vor unserer Hochzeit. Es kam mir wie ein böser Traum vor, als ich meine Braut am Boden liegen sah und sie zu mir sagte, daß sie mich nicht an sich binden wolle. Erst als der Helikopter mit ihr davonflog, realisierte ich, was passiert war – und daß mit diesem Sturz wohl unsere Wünsche, Träume und Hoffnungen zunichte geworden waren. Ich fühlte mich hilflos, weinte und betete zu Gott, daß er mir zeige, wie es weitergehen solle mit uns beiden. Mein Blick fiel auf den Verlobungsring an meiner linken Hand. Im selben Moment wußte ich, daß ich trotz allem an Regulas Seite gehörte und daß wir es schaffen würden. Zugegeben, Gott hat seinen Maßstab an unser Leben gelegt, uns Aufgaben gezeigt, die wir nicht gesucht haben. Doch das hat uns zusammengeschweißt und uns Dimensionen eröffnet, die unser Leben intensiv und reich machen. Wichtiger als die berufliche Karriere, ein großer Zahltag sind uns Werte wie Lebensfreude, Treue, Glaube und unsere Liebe zueinander. Und in allem haben wir das Sportlerprinzip Standortbestimmung nach Siegen wie nach Niederlagen zu unserer Lebensmaxime gemacht.

Ueli Horisberger

Ehemann von Regula Horisberger, Landwirt und Spitzensportler, geboren 1968.

Als ich noch ganz jung war, träumte ich davon, später etwas Großes zu leisten zum Wohle der Menschheit. Zuerst allerdings war ich Schülerin, dann Lehrerin, dann Ehefrau, Hausfrau und Mutter. Und ich hatte genug davon, die Aufgabe in diesem Kreis anzupacken und zu lösen. So geschah nichts Spektakuläres, aber ich war da für meine Umgebung. Nun bin ich alt, schwach und im Rollstuhl. Von Leistung kann keine Rede mehr sein. Aber ich habe die Menschen (immer noch) gern. Ich kann noch zuhören und mitfühlen. Und mein eigenes Leben erlebe ich immer wieder in der Erinnerung. Merkwürdig: Das Positive gewinnt an Glanz. Wenn ich noch einmal leben müßte, sollte keine dieser Stufen fehlen.

Heidi Heussler

Rheinfelden, Schweiz; in einem Leserbrief an die Zeitschrift »Zeitlupe« Nr. 5, 2001, Zürich.

Wenn ich heute auf meinen Lebensweg zurücksehe, muß ich trotz vieler Armut, Zurücksetzungen und Benachteiligungen dennoch dankbar sein, daß ich immer auch einen Lebenszweck und -inhalt vor mir sehen konnte und kann.

In meinen Schuljahren hat man mir eine Politikerlaufbahn verheißen, andere sahen in mir einen Pastor oder Heilsarmee-

Major. Das alles bin ich nicht geworden. Mein Schulsack war zu gering, die familiären Verhältnisse waren zu ärmlich. Eine Berufslehre gab es für mich nicht. An meine Arbeitsstellen wurde ich einfach beordert: Erdarbeiten in Drainage-Gräben, Roßknecht-Stellen, Gartenarbeiter. Erst 1958 konnte ich eine Stellung antreten als Packer-Magaziner, erst 1961 konnte ich an eine Ehe denken und heiratete meine Frau, die damals Witwe mit vier Kindern war. Jetzt habe ich schon zwanzig Jahre »Feierabend«. Unterdessen bin ich sogar Urgroßvater geworden. Ich bin mit meinem Leben zufrieden, freue mich, mit 86 Jahren noch da zu sein, denken, lesen, rechnen und schreiben zu können, Besuche zu machen und Frieden und Freude zu verbreiten und nach meinen Möglichkeiten Fürsorge zu geben.

Hans Wollensack

Romanshorn, geboren 1915; in einem Brief an den Autor vom 2. Juli 2001.

Es ist schön, wenn man einen Beruf hat, der Freude macht, der einen fordert und der es erlaubt, mit der Familie in ausreichender materieller Sicherheit und »guten Verhältnissen« leben zu können. Wirkliche Befriedigung kommt aber daher, daß man für *andere* Menschen etwas leisten kann, daß man ihnen etwas gibt und ihnen etwas bedeutet. Dazu muß man aber offen und bereit sein, auch etwas zu bekommen und gern anzunehmen. So wird das Leben wirklich reich.

Dr. iur. Manfred Gentz

Mitglied des Vorstandes DaimlerChrysler; in einem Brief an den Autor vom 2. Mai 2001.

Mehr Werte

»Welches sind wichtige Werte, an denen ich mich in meinem Leben, in meinem privaten und beruflichen Leben orientieren kann?« Sicherlich sind die einzelnen Werte nicht für jeden gleichbedeutend; es gibt wichtigere und weniger wichtige Werte, je nach Situation und Person. Entscheidend ist aber, daß wir uns Klarheit darüber verschaffen, welches die Fundamente unseres Handelns sind. Einer der führenden amerikanischen Managementberater, Stephen R. Covey, spricht davon, daß wir »von innen nach außen« handeln müssen: »Von innen nach außen« heißt, daß Sie zunächst bei sich selbst beginnen oder, noch grundlegender, mit dem innersten Teil Ihrer selbst - mit Ihren Paradigmen, Ihrem Charakter und Ihren Motiven. Der Zugang »von innen nach außen« sagt, daß private Erfolge vor öffentlichen Erfolgen kommen (vgl. Stephen R. Covey: Die sieben Wege zur Effektivität, München 1999).

Das Merkmal eines Wertes ist das Erhabensein über die Kurzfristigkeit. Wert und Kurzfristigkeit schließen sich nach dieser Definition aus. Die neuen sogenannten Werte der nachindustriellen Gesellschaft würden aber gerade durch Kurzfristigkeit bestimmt. Es sind u.a. Flexibilisierung, Mobilisierung und Globalisierung. Ihre Auswirkungen sind: Unruhe, Veränderungen, Entwicklung, lebenslange Unsicherheit. Kann man hier überhaupt von Werten sprechen, oder sollten wir nicht ehrlicher ein anderes Wort dafür finden? Im Brockhaus steht geschrieben: »Werte sind Beschaffenheit von Dingen oder Sachverhalten, die sie der Hochschätzung würdig machen.« Welche Sachverhalte sind so beschaffen, daß sie unsere Hochschätzung verdienen?

Wirkliche Werte haben nicht nur in der nachindustriellen Gesellschaft ihre Bedeutung, sondern diese auch schon vorher gehabt, und sie werden auch noch nach der nachindustriellen Gesellschaft ihre Bedeutung haben. Sie sind unabhängig von Gefühlen, von inneren oder äußeren Drucksituationen, unabhängig vom Verhalten anderer, von der Mode, von der Umgebung. Sie verschwinden nicht durch Krankheit, Verlust, Unwetter, Naturkatastrophen und Scheidungen, sie verblassen auch nicht mit der Zeit und können auch nicht durch Menschen, die diese Werte ignorieren oder mißachten, eliminiert werden. Werte sind weder durch neue technologische Entwicklungen, noch durch die Globalisierung ersetzbar.

Menschen, die Werte verinnerlicht haben, ist es möglich, über den Zeitgeist hinaus zu blicken. Diese Menschen haben die Kraft zum Widerstand und zur Zivilcourage, gegen Tendenzen anzugehen, die auf Dauer schädlich für ihre Gesellschaft sind. Die durch diese Menschen erreichte Lebensqualität ist das Resultat des Zusammenspiels von Werten und Aktivitäten.

Es ist kurzsichtig zu behaupten, man müsse auf die bisherigen Werte verzichten, wenn man die heute geforderte Flexibilität erfüllen will. Tatsächlich ist das Gegenteil der Fall. Nur im abgesteckten Rahmen eines Wertesystems kann man grundsätzlich Flexibilität für veränderte Situationen entwikkeln. Die christlichen Werte Glaube, Liebe und Hoffnung enthalten in sich alle wichtigen Grundlagen für erfolgreiches Denken und Tun. Nur müssen sie in unsere Zeit transponiert werden. Im jeweiligen kulturellen Kontext haben diese Werte zu allen Zeiten und unter den verschiedensten kulturellen Bedingungen Antworten auf drängende Fragen liefern können.

»Menschen können im Gegenteil den Wandel nicht verkraften, wenn sie keine Wurzel haben, wenn es in ihrem Inneren keinen unwandelbaren Kern gibt. Der Schlüssel zur Wandlungsfähigkeit liegt in einem unwandelbaren Gefühl dafür, wer wir sind, warum es uns gibt und was wir wertschätzen. Wenn wir in diesem Sinne eine Lebensaussage treffen, haben wir Voraussetzungen, mit dem Wandel zu fließen« (Covey 1999).

Zeitunabhängige Grundlagen für ein erfolgreiches und positives Handeln und Arbeiten sind u.a. Zuversicht, Freude,

Vertrauen, Kommunikation, Wertschätzung, Loyalität, Wahrhaftigkeit, Glaubwürdigkeit.

Es sind immer die gleichen Werte, die in unterschiedlichen Zeitepochen ihre konstante Gültigkeit haben. Sie müssen aber immer wieder neu entdeckt werden, und ihre Relevanz muß neu in die jeweilige konkrete Situation und Kultur übersetzt werden. Man könnte bisweilen meinen, daß die eine oder andere Innovation einen Wert aufhebt und überflüssig macht; das aber ist ein Irrtum. Wir können in keiner Zeitepoche auf Werte verzichten, die sich im Laufe der Jahrhunderte und Jahrtausende zu Grundwerten der Menschheit entwikkelt haben. So erleben wir beispielsweise, daß im Börsengeschehen Werte wie »Vertrauen« und »Wahrhaftigkeit« eine ganz aktuelle Bedeutung gewonnen haben, wenn wir realisieren, wie sensibel die Börse und die Analysten auf Vertrauensverlust und manipulierte Aussagen reagieren können.

Wir brauchen auch ein tieferes Verständnis dafür, daß unser Geschäftsgebaren nicht wertneutral ist. »Es gibt weder eine ethikneutrale Wirtschaft, noch eine ökonomiefreie Ethik. Wirtschaften ist kein wertfreies Handeln. Wirtschaften kann aber schnell zu wertlosem Handeln werden« (Anton Föllmi in einem Vortrag in Lörrach 1999: Die moralische Verantwortung des Ökonomen in einer Zeit des Umbruchs).

In unserer Erziehung haben wir von der Bedeutung des Gewissens erfahren. Es ist diese Stimme, die uns in unserem Inneren mitteilt, was Gut und Böse ist, und die Signale setzt, was wir zu tun haben oder lassen sollen. Aber erweist sich angesichts unserer Subjektivität das Gewissen nicht als sehr verletzbares, manipulierbares Organ, könnte man einwerfen. Was wir für richtig halten, muß doch noch lange nicht objektiv richtig sein. Natürlich besteht dieses Dilemma. Trotzdem können wir es nicht als Alibi nehmen und uns auf diese Weise aus der Verantwortung stehlen. Trotz aller Gewalt, die man dem Gewissen antun kann, bleibt es immer noch die Grundlage aller ethischen Überlegungen, solange der Mensch seine persönliche Würde nicht mit Füßen tritt. Es ist doch erstaunlich, daß gewisse Werte in allen Kulturen oder sozialen Schichten bestehen und vorgegeben sind, wenn auch in ganz unterschiedlichen Ausprägungen: das Wissen, daß man nicht töten soll, das Erkennen von Wahrheit und Lüge, das Gefühl von Gerechtigkeit, das Gefühl davon, daß böse Taten nicht ohne Konsequenzen hingenommen werden dürfen, der Wert der Fairneß. Diese und andere Werte sind die Landkarten auf dem manchmal unwegsamen Territorium unseres Lebens. Wir können also das Gewissen nicht einfach mit dem Argument beiseite schieben, es sei ja sowieso subjektiv.

Wie können wir am besten ethischen Werten zu ihrem Recht verhelfen? Der Weg hin zu einer glaubwürdigen Ethik ist vorgezeichnet: Ethik erweist sich nicht als verfügbar, sondern muß tastend ergriffen werden. Das Bedürfnis nach Ethik ist kein körperliches oder psychisches Bedürfnis und beruht auch nicht auf dem Lustprinzip. »Ethik setzt ein persönliches Engagement voraus, eine Beunruhigung, eine Fragebereitschaft, den Willen zur Veränderung« (Anton Föllmi). Diese Haltung müssen wir durch unsere Persönlichkeit transportieren, damit sie andere ansteckt. Der Weg zu einer glaubwürdigen Ethik ist nicht nur durch Demut, sondern auch durch ein klares persönliches Wollen vorgeebnet.

Das Emnid Meinungsforschungsinstitut in Bielefeld befragte 1997 in einer Umfrage 1.200 Deutsche nach ihren wichtigsten Werten und kam zu folgendem Ergebnis, nachdem die Befragten einige Wertebegriffe (Ehrlichkeit, Treue, Hilfsbereitschaft, Fleiß, Streben nach Geld, Verantwortung, Pünktlichkeit, Toleranz, Zivilcourage) mit dem Auftrag vorgelegt bekamen, diese nach ihrer Priorität zu ordnen: Ganz vorne auf der Prioritätenliste standen Ehrlichkeit, Treue, Toleranz und Liebe. Auffallend ist, daß Streben nach Geld ziemlich weit hinten zu finden war. Haben diese Leute angesichts der Tatsache, daß wir überall meistens mit dem Streben nach Geld konfrontiert sind, nicht ganz die Wahrheit gesagt, oder wissen alle im Grunde ihres Herzens, daß das materielle Übergewicht nicht das sein kann, wofür es sich lohnt, seine Seele zu opfern?

Es ist schade, wie viele Menschen sich verleugnen und sich von ihren authentischen Bedürfnissen entfernen. Durch beruflichen Druck und drohende Arbeitslosigkeit werden sie noch anpassungsfähiger und lassen sich Träume und Visionen definitiv austreiben. Die Beschäftigung mit Werten gehört zur persönlichen Verantwortung eines jeden Menschen; je einflußreicher er ist, desto mehr. Und wenn wir uns damit zu befassen beginnen, werden wir feststellen, daß nicht nur die Frage nach dem »Was«, dem Inhalt, gestellt werden darf, sondern auch die Frage nach dem »Woher«, den Quellen, und die Fragen nach dem »Warum« und »Wohin« mitbedacht werden müssen.

In einem Antiquariat in Prag fand ich im Jahre 1998 die Prager Zeitung vom 30. Dezember 1899: »Mit klingenden Gläsern werden wir um Mitternacht an der Bahre des alten Jahrhunderts stehen. An der großen Uhr ist der Sekundenzeiger um einen Teilstrich weiter gerückt, und im Silvesterjubel erschauern wir vor dem kalten Hauche. ... Ein herausragender Meilenstein ist dieser erste Tag des Jahres 1900 auf dem tausendjährigen Wege. Und so stehen wir einen Augenblick still auf der Höhe, schauen zagend in die Nebel der kommenden Zeit und schauen zurück. Wie wollen wir das vergangene Jahrhundert nennen? Ein Jahrhundert der Technik, des Dampfes, der Naturwissenschaften, des Blutes? Was uns das damals erwachende Jahrhundert versprochen hatte, das hatte es nicht gehalten. Nach dem kurzen Traum von Freiheit und Gleichheit, nach den großen politischen Revolutionen des von Schlachten erfüllten Jahrhunderts haben wir also an seinem Ende die bei weitem tiefergehende wirtschaftliche Revolution, die ihr Ziel so sicher erreichen wird, wie jene, die Politik machten, es verfehlten. Die Technik war es, die eine der gewaltigsten Umwälzungen herbeiführte. Die Dampfmaschinen, die Werkzeugmaschinen, die Elektrizität. Elektrizität heißt das Zauberwort der Technik, mit dem wir in das neue Jahrhundert treten. Wird das neue Jahrhundert eine Umkehr bringen?«

Auch an der letzten Jahrhundertschwelle standen wir wieder

einen Augenblick innehaltend auf der Höhe, blickten in die Nebel der kommenden Zeit. Hätten wir nicht viel zuversichtlicher sein müssen als die Menschen vor 100 Jahren? Wissenschaft und Technik haben doch allein in den vergangenen 30 Jahren ebenso viele Erfindungen gemacht wie in der gesamten Zeitspanne der Menschheitsgeschichte zuvor. Die Wissensverdopplung innerhalb eines Zeitraumes von fünf Jahren entspricht einer Explosion des kulturellen Gedächtnisses. Warum ist es anders als vor 100 Jahren, als damals die Glühbirne noch den Weg in den Nebel der neuen Zeit hinein über das Dunkel der Rückständigkeit hinaus klar zu erleuchten schien und viele Menschen mit mehr Zuversicht als Sorge erfüllte? Warum werfen Mikrochips, globale Kommunikation und Gendesign bei vielen mehr Fragen auf, als sie beantworten, und warum bewegt viele die bange Frage, ob diese Erfindungen die Probleme der Welt schneller lösen könnten, als sie neue hervorbringen?

100 Jahre später denken wir also wieder nach: Hat das letzte Jahrhundert gehalten, was es versprach? Hat das letzte Jahrhundert nun eine Umkehr gebracht? Durch was sollte diese Umkehr bewirkt worden sein? Durch die Erfindungen und Entdeckungen? Und wie wollen wir das wiederum vergangene Jahrhundert benennen?

Es war das Jahrhundert von über 100 Millionen Toten durch kriegerische Auseinandersetzungen, es war ein Jahrhundert der Totalitarismen. Es war das Jahrhundert der Ideologien und der ideologischen Bürgerkriege, es war das Jahrhundert des Ost-West-Konfliktes, es war das Jahrhundert der Bevölkerungsexplosion, es war das Jahrhundert des Spannungsverhältnis zwischen Demokratie und Marktwirtschaft (dessen Pendel zur Zeit zugunsten der Marktwirtschaft ausschlägt).

Die gravierendsten und z.T. schmerzhaftesten Veränderungen des letzten Jahrhunderts sind nicht, wie damals und heute von vielen postuliert, durch große Erfindungen bewirkt worden, sondern durch den Charakter und die Gesinnung von Menschen, die den Erfindungen ihre Richtung gegeben haben. Es war der Charakter von einzelnen Menschen, der unermeßliches Leid verursacht hat, und es war der Charakter von einzelnen Menschen, der Leid und Grausamkeiten verhindert hat.

So wird auch am Ende des jetzt gerade erst angebrochenen Jahrhunderts nicht der tiefgreifende technologische und wirtschaftliche Wandel darüber entschieden haben, wie es uns ergangen sein wird, wenn dann unsere Nachkommen zurückschauen werden, sondern es werden auch diesmal der Charakter und die Gesinnung der Menschen gewesen sein, die das jetzt anbrechende Jahrhundert dann geprägt haben werden. Der technische Fortschritt kann jeweils nur eines: Er transportiert die Gesinnung der Menschen und bewirkt die Auswirkungen der jeweiligen Gesinnungen. Wenn wir uns nun vor Augen halten, wie hoch die Übertragungsgeschwindigkeit der »neuen Transportmittel« geworden ist, sollten wir mit großer Aufmerksamkeit nur auf eines konzentriert sein: Auf das, was diese Transportmittel transportieren – und das sind unsere Gesinnungen, unsere Visionen, unsere Werte.

Johannes Czwalina

Als ich ein kleines Mädchen war, hatte ich ein Sonntagskleid. Es war dunkelblau und vorn bestickt. Man durfte darin nicht auf der Straße herumtoben. Das Kleid war etwas Besonderes, es stand für den religiösen Wert des Sonntags, des Kirchgangs, es stand für Familiensinn, weil darin die Sonntagnachmittagsbesuche bei Verwandten abgestattet wurden. Es stand für häusliche Sparsamkeit, denn da es aus edlerem Stoff war als die Werktagssachen, mußte es länger halten. Jedes Jahr wurde der Saum ein Stückchen heruntergelassen.

Was sind eigentlich überhaupt Werte, wenn man darunter nicht Aktien und Immobilien versteht? Das Große Volkslexikon 1981: »Werte sind allgemeine und grundlegende Orientierungsmaßstäbe und geben dem Menschen Verhaltenssicherheit; aus ihnen leiten sich Normen ab, die das Alltagshandeln bestimmen.« Das klingt nach Erziehung. Wir kommen mit den Werten nicht auf die Welt. Wir lernen sie, so wie wir laufen lernen. Dies darf man, jenes nicht. Das gehört sich, jenes nicht. Das ist richtig, das ist pfui. Warum? Weil der liebe Gott sonst schimpft? Und ein Vanille-Eis gibt es auch nicht. Ein braves Kind ist gehorsam, ein braves Kind haut nicht die Mama, nimmt anderen nicht das Spielzeug weg, lügt nicht. Nein, um manches, was uns damals beigebracht worden ist, ist es wirklich nicht schade. Stillhalten zum Beispiel, Ruhe geben, nicht widersprechen, tun, was einem gesagt wird. »Blüh wie das Veilchen im Moose, sittsam, bescheiden und rein«, hat mir meine Lehrerin ins Poesiealbum geschrieben. Bei ihr bekam man Tatzen mit dem Rohrstock auf den Handteller, wenn man sich nicht fügte.

Zwei Seiten weiter die kindliche Schrift von meiner »dich liebenden Mitschülerin Isolde«: »Du bist nichts, dein Volk ist alles. Adolf Hitler.« Ach ja, Volk und Vaterland waren Werte, für die es sich durchaus lohnte zu sterben. Hat man uns jedenfalls vermittelt. Es gab noch andere verhaltensbildende Werte, an denen sich eine kleine Mädchenseele zu orientieren hatte. Ich erinnere mich genau, daß ich mir vornahm, ein absolut reines Leben zu führen. Der Tag würde kommen, an dem ich im Beichtstuhl auf die Frage nach Unkeuschheiten sagen würde: »Nichts.«

Im Namen höchster sittliche Werte ist aber auch soviel Grausamkeit, soviel Unrecht geschehen, daß wir durchaus nicht blindlings der Ansicht folgen müssen, Werteverfall führe unweigerlich zum Ende der zivilisierten Menschheit.

Erkenntnis, Neugierde, Aufbegehren, so ziemlich alles, was Fortschritt, und vieles, was Befreiung bedeutet hat, ist in den vergangenen Jahrhunderten nur selten als wertvoll eingeschätzt worden. Im Gegenteil. Forscher, Reformer, Zweifler, Wahrheitssucher wurden geächtet, gefoltert, verbrannt, weil sie Fragen gestellt und damit gegen bestehende Werte verstoßen hatten.

Traditionelle Vorstellungen wurden uns oft als Werte verkauft. Sie unterliegen aber, wie der Lauf der Welt, wie das Schicksal des Menschen, der Veränderung. Ich glaube einfach nicht, daß wir »wertlos« geworden sind, wenn wir traditionelle Vorstellungen nicht mehr kritiklos und selbstverständlich anerkennen.

In einer Todesanzeige, die kürzlich in einer großen Zeitung erschien, ist ein Ausspruch Friedrichs des Großen zitiert worden. »Es ist nicht wichtig, daß ich lebe. Es ist nur wichtig, daß ich meine Pflicht tue.« Ehrlich gesagt, den alten Mann, der da betrauert wurde, ein »gütiger Großvater« usw. – hätte ich nicht kennen mögen. Ich möchte niemanden kennen, dem die Pflicht mehr gilt als das Leben. Ich stelle mir vor, daß ich ein Kind bin und ihm mein schlechtes Zeugnis zeigen muß. Oder seine Frau.

Wir wollen heute nicht nur wissen, wonach wir uns zu richten haben, sondern vor allem: warum. Das ist die Generalfrage heutzutage. Seit ich mich nicht mehr auf die Sprüche in meinem Poesiealbum verlassen mag, ist Erziehung und Zusammenleben nicht einfacher geworden. Das ganze Leben hat an Unsicherheit gewonnen. Ist das jetzt ein Schaden oder eine Chance?

Ein ganz alter Wert, festzementierte Grundlage für alle Partnerbeziehungen, ist ins Wanken gekommen: die Treue. Eine Zeitlang galt der aufrührerische Spruch: »Wer zweimal mit derselben pennt, gehört schon zum Establishment.« Wir haben ihre Rückkehr erlebt, weil Treue nicht etwas ist, das man einfach wegwerfen kann. Daß sie inzwischen gültig ist, als Versprechen, als Vorsatz, als Liebesbeweis, liegt nicht nur an der Angst vor Aids, sondern an der Einsicht, daß vertrauensvolle Liebe ohne Treue nicht existieren kann, aber auch die Treue als Wertvorstellung hat sich verändert. Sie gilt nicht mehr automatisch. Sie ist ein Wagnis, ein gemeinsames Ziel für jedes Paar, das seinen eigenen Modus finden muß, seinen eigenen Weg.

Wie schwer das ist, in welche Löcher man fallen kann, erleben zur Zeit vor allem die Menschen aus den neuen Ländern. Werte, an die sie von klein auf geglaubt haben, für die sie erzogen worden sind, haben sich als falsch, ja verbrecherisch herausgestellt. Wegschmeißen. Und jetzt sucht mal schön was Neues. Freundschaft hat zu diesen Werten gezählt, das ganz private Miteinander als Gegengewicht zur politischen Doktrin. Der Bestsellerautor Bernhard Schlink schildert den Wandel so: »Nach dem Fall der Mauer wurden die Besuche spärlicher. Jeder hatte viel zu tun, Häuser sanieren, Steuervorteile nutzen, Geschäfte machen, reich werden, reisen.«

Das ist unsere Situation. Alte Werte haben wir satt. Aber wo sind die neuen, die wir brauchen in unserer Gesellschaft? Und nach denen junge Leute suchen?

Wenn ich darüber nachdenke, fallen mir einige ein: Feinfühligkeit wäre z.B. ein neuer Wert, der bisher vom Konkurrenzdenken erdrückt wird. Rücksicht. Ehrlich gemeinte Toleranz, die nicht der Einstellung »Ist mir doch wurscht, was du machst« entspringt. Offenheit gegenüber Ausländern, Randgruppen, Hilflosen. Ein Wir-Gefühl über Begrenzungen hinweg. Wir können auch anfangen, Zeit als einen Wert für sich zu erkennen. Zeit als das Vergänglichste und Kostbarste, was wir haben. Freundschaft braucht Zeit, Partnerschaft und Familienleben auch. Wir haben nach dem Vorbild gelernt, daß Arbeit und Fleiß das Ideal sind. Und nicht die Pause. Zeit haben ist etwas anderes als Spaß haben. Und etwas anderes als Karriere machen.

Eine junge Frau ruft ihren Mann im Büro an, als die kleine Tochter ihre ersten Schritte macht. Der Mann ist sprachlos, daß sie ihn wegen so etwas bei der Arbeit stört. Jaja, sagt er nur, bis heute abend. Und dann kommt er um Mitternacht nach Hause. »Und«, sagt sie, »wir haben nicht mehr darüber geredet. Nicht eine Minute, nicht eine einzige Minute Zeit hat er für uns übrig gehabt.«

Erst viel später, sagt der Ehemann, sei ihm aufgegangen, wie sehr er seine Frau damals verletzt habe. Als sie es ihm nach Jahren vorwarf, in einer schweren Phase der Entfremdung, habe er sich zum ersten Mal gedacht: Was mache ich eigentlich aus meinem Leben? Er habe daraufhin einen neuen Anfang versucht. »Vielleicht ist mir, ist uns das auch gelungen.«

Sind wir noch zu retten? Vielleicht, indem wir gelegentlich darüber nachdenken, was wir aus unserem Leben machen?

Ursula Lebert

Autorin; in: »Was sind Werte heute noch wert?«, Zeitschrift Brigitte 9/2000, S. 108–111, Brigitte/Picture Press.

Mut

Mehr Zivilcourage

Mut und Zivilcourage sind Eigenschaften im Umgang mit anderen, denen man sich öffnet und aussetzt, eine Verbindung von Charakter und Persönlichkeit. Sie beinhalten unabhängiges Denken, Verantwortungsbewußtsein und Vertrauen in die eigenen Fähigkeiten, mit Problemen und Möglichkeiten ohne Angst vor Reaktionen umgehen zu können. Sie bedeuten, dem Bewußtsein für das, was Recht und Unrecht ist, höhere Autorität einzuräumen als dem beherrschenden Zeitgeist oder dem Gruppenzwang. Es gibt keine Zivilcourage, ohne einen Preis dafür zu zahlen, der bisweilen auch sehr hoch sein kann. Mut und Zivilcourage sind wichtige Führungseigenschaften. Mut heißt: Authentizität bewahren auch unter Druck. Mut heißt nicht: Der Stärkere siegt.

Mut hat auch immer etwas mit Angst zu tun. Der erste Schritt zum Mut besteht nämlich darin, seine Angst zuzugeben. Wenn jemand sagt: »Ich habe Angst«, zeigt er Stärke. Mut ist nur dort erforderlich, wo Angst besteht. Wer seine Angst nicht kennt, kann auch keinen Mut entwickeln. Erst wenn ich das Risiko kenne, das ich eingehe, die Angst spüre und trotzdem das Notwendige tue, beweise ich Mut. Mut schämt sich nicht der Angst, läßt sich aber auch nicht von ihr bestimmen.

Diese Haltung dem Leben gegenüber ist uns nicht in die Wiege gelegt worden. Von Natur aus sind wir feige und ängstlich. Je mutiger ein Mensch wird, desto deutlicher wird er auch seine Ängste zugeben können. Mut entfaltet sich am stärksten, wo jemand trotz seiner Ängste das Lebensnotwendige wagt, wo er sich nicht hinter seinen Schwächen versteckt, sondern trotzdem seine Möglichkeiten nutzt und seine Begabungen entfaltet. Der persönliche Fortschritt im Umgang mit Mut ist nicht das Ergebnis heroischer Augenblicke, sondern das Resultat kleinster und kleiner Schritte. Mut gründet auf dem Wissen um meine Einmaligkeit. Ich darf sein, der ich bin, und werden, der ich sein kann.

Was war es, das vor 60 Jahren einzelne Männer und Frauen in Deutschland bewogen hatte, zu handeln statt zu schweigen? Sie haben Entschuldigungen wie »Das machen doch alle« oder »Wir haben keine andere Wahl« nicht gelten lassen. Sie haben die feine Stimme des Gewissens, die sich jeden Tag tausendmal ignorieren läßt, nicht zum Schweigen gebracht. Sie haben das »dumpfe Gefühl im Bauch« ernst genommen, statt zu warten, bis es vordergründig in der Hektik des Alltags unterging.

Als wir in der Schule akribisch lernten, wo die entscheidenden Denkfehler des Dritten Reiches lagen, wurde uns beigebracht, daß wir allem mißtrauisch gegenübertreten sollen, was uns keine andere Wahl läßt. Wir fragten uns damals bisweilen, warum die gleichen Lehrer, die oft bereits in dieser Zeit, von der sie sprachen, als mündige Erwachsene gelebt haben, nicht schon früher ihre Erkenntnisse umgesetzt hatten, als es noch nicht zu spät gewesen war.

Was werden unsere Kindeskinder einmal akribisch lernen müssen, wenn sie von der gegenwärtigen Epoche in ihrem Geschichtsunterricht hören werden? Was wird dann als die entscheidenden Denkfehler der gegenwärtigen Zeit erörtert werden? Was darf dann zu jener Zeit nie mehr vorkommen? Wo hat es dann in unserer Zeit an Zivilcourage gemangelt?

Und wer sind die Menschen, die sich so schnell und leichtfertig gestern und heute dominanten Zwangsgeistern beugen und ihre eigene Persönlichkeit so schnell verleugnen?

Die weitverbreitete Mentalität, die persönliche Verantwortung auf eine höhere Instanz abzuschieben, macht betroffen, ganz egal, ob es sich dabei um eine Person oder um eine wirtschaftliche Idee handelt. Die Gefahr der heutigen wirtschaftlichen Zuspitzung liegt darin, daß sie gerade auf pflichtbewußte Bürger, die ihre Sache ganz besonders gut machen wollen, ansteckend wirkt. Auch die Wirtschaft mißbraucht diese Werte zu ihren Zwecken.

Auch heute werden Menschen dazu verleitet, Handlungen vorzunehmen, die sie im privaten Bereich nie verantworten würden. Sie werden zu unterschiedlichen Menschen, zu

Hause und im Geschäft, ohne sich dabei etwas zu denken. Viele Führungskräfte haben retrospektiv betrachtet dann nur ihre Pflicht getan, wenn sie Tausende in die Arbeitslosigkeit geschickt haben, während ihre Unternehmen zur gleichen Zeit hohe Gewinne erwirtschaften. Sie sind dabei von keinerlei Schmerzen geplagt. Diese Führungskräfte sind nicht die eiskalten Typen, wie man sie in Pressedarstellungen gerne beschreibt. Im Grunde sind es oft ängstliche Leute, denen es an Mut und Zivilcourage fehlt und die sich aus eigenem Sicherheitsbedürfnis und ängstlicher Grundnatur dem Wirtschaftsmechanismus zu sehr angepaßt haben.

Unsere Zeit hat das Wort »Non-helping-bystander« geprägt. Es bezeichnet das immer häufiger beobachtete Verhalten, daß Menschen wie gebannt schreckliche Ereignisse hautnah fasziniert beobachten, ohne ein dringendes Bedürfnis zur Tat zu empfinden. Dieser neue Begriff fordert uns heraus, darüber nachzudenken, ob auch wir uns zwischenzeitlich zu Unterhaltern einer »Non-helping-bystander-Mentalität« entwickelt haben.

Eine Hilfe gegen die zu beklagende Abstumpfung und schleichende Gewöhnung an destruktive Entwicklungen wäre es, wenn wir damit aufhören würden, Schmerz und Betroffenheit zu filtern und abzudeligieren. Die Entscheidungsbefugten spüren nur noch selten die Not der Betroffenen, weil nach der Schreibtischentscheidung für sie die Sache erledigt ist. Die einzelnen Arbeitnehmer stehen nur noch als Zahlen in Statistiken

Was veranlaßt andererseits aber Menschen dazu, ihr Leben und ihre Freiheit für bedrohte Mitmenschen zu riskieren? Was befähigt sie, ihrem Selbsterhaltungstrieb zuwiderzuhandeln? Diese Menschen erkennen zuerst die Notlage der Gefährdeten. Die Gefahr, in die sie sich selber bringen, ordnen sie unter. Sie sind damals wie heute bereit, ihrer Selbstachtung zuliebe ein Risiko auf sich zu nehmen.

Wir brauchen ein Leben von Wort und Tat, welches die Privatisierung des Gewissens ausschließt.

Wir brauchen nur die Tiere zu studieren, um eine Ahnung von unseren unbewußten psychischen Grundmustern zu bekommen. Unzweckmäßig wäre es, wenn im Kampf jedes Mal der Unterlegene getötet würde. Darum hat die Natur für die Hunde die sogenannte Beißhemmung vorgesehen, welche dem Aggressionstrieb die Grenze setzt: Legt sich der Unterlegene auf den Rücken und bietet er dem Stärkeren seine Halsschlagader zum tödlichen Biß an, endet der Kampf. Beißhemmungen hat auch der Mensch. Voraussetzung für das Funktionieren der Beißhemmung ist nun allerdings, daß man sich Auge in Auge gegenübersteht. Einem normalen Menschen fällt es viel leichter, einen möglichst anonymen Gegner durch einen Gewehrschuß niederzustrecken, als ihn Auge in Auge zu töten. Es scheint mir, daß unsere Psyche mit ihren Instinkten eingerichtet wurde für eine primitive Gesellschaft in einer Zeit, als man in Gruppen von vielleicht zehn bis fünfzig Menschen zusammenlebte. Die Psyche des Menschen hat sich seither kaum weiterentwickelt, wohl aber die Technik. Auch in der Wirtschaft funktioniert die Beißhemmung ganz leidlich im persönlichen Umgang, nicht aber auf Distanz. Muß ich einem Angestellten seine Entlassung Auge in Auge mitteilen, so überlege ich mir die Sache vorher zehnmal. Viel weniger natürliche Hemmung habe ich, wenn ich per Computer den blauen Brief an 500 mir nicht persönlich bekannte Menschen versenden kann. Die Beißhemmung kann man auch als eine von der Natur gegebene ethische Regelung bezeichnen. In der Wirtschaft wäre es also ein Gebot, Strukturen zu schaffen, welche das Funktionieren der Beißhemmung ermöglichen, das heißt beispielsweise in Großunternehmen die Führung so aufzugliedern, daß der persönliche Kontakt Auge in Auge möglich bleibt und Entlassungen nicht via Computer erfolgen.

Dr. iur. Wolfgang Baumann

Privatbankier; in einem Gespräch mit dem Autor im Dezember 1999.

Deena Burnett: Setz dich hin und errege keine Aufmerksamkeit!
Thomas Burnett: Nein, wir werden etwas unternehmen!

Thomas Burnett

Thomas Burnett war wahrscheinlich einer der Helden des Fluges United Airlines 093 der Boeing 757 am 11. September 2001. Er versuchte, die Entführer zu überwältigen, und konnte dadurch erreichen, daß das Flugzeug das angesteuerte Ziel der Terroristen verfehlte und vorher abstürzte. Viermal konnte er heimlich mit seiner Frau Deena telefonieren, während diese das Inferno am World Trade Center im Fernsehen sah. Burnett und die anderen im Flugzeug erfuhren dadurch vermutlich, daß die Entführer Kurs auf Washington genommen hatten. Die Maschine stürzte bei Pittsburg gegen 10.00 Uhr ab; in: Stern, Nr. 39 vom 20. September 2001, S. 35.

Wenn ich noch einmal leben dürfte, würde ich noch einmal meine Frau heiraten. Ich würde alle wichtigen geschäftlichen Entscheidungen, die ich selbständig und in Übereinstimmung mit meinem Gewissen und meiner persönlichen Verantwortung fällen konnte, heute noch einmal so fällen. Von anderen geschäftliche Entscheidungen jedoch, die ich als Kompromisse fällen mußte, wo sich oft mein anfängliches Unbehagen später bestätigt hat, würde ich mich aus heutiger Sicht ohne Rücksicht auf Verluste klar distanzieren.

Dr. Richard Osswald

Personalvorstand Daimler-Benz AG/a.D., geboren 1917, in einem persönlichen Gespräch mit dem Autor im Oktober 1998.

Vor einigen Jahren hatte ich im Zürcher Fraumünster eine Trauung zu halten. Das prominente Paar stritt immer noch aufs heftigste, während sich die Kirche bereits füllte, unter anderem mit Regierungsvertretern, Botschaftern, der Presse und berühmten Schauspielern. Mir wurde plötzlich klar, daß die Hochzeit ein Flop würde. So machte ich dem Paar unmittelbar vor dem Anlaß den Vorschlag, daß ich angesichts der bereits gefüllten Kirche zwar die Predigt halten würde, der versammelten Gesellschaft aber danach erklären würde, daß man auf den Trauungsakt verzichten wolle, weil sich das Paar seiner Sache doch noch nicht ganz sicher sei. Mir wurde entrüstet deutlich zu verstehen gegeben, daß dies einen öffentlichen Skandal auslösen könnte und auf keinen Fall zu erwägen sei. Gegen meine innere Überzeugung ließ ich mich dazu überreden. Vier Wochen nach der Trauung reichten die beiden die Scheidung ein und bekämpften sich mit Hilfe von Anwälten anschließend zwei Jahre lang frei nach dem Motto: Heirate in Eile, bereue in Muße.

Heute bereue ich es, daß ich mich damals dem Druck der Stunde gebeugt habe, statt auf mein Gewissen zu hören, meiner Erkenntnis treu zu bleiben und die Trauung abzusagen.

Johannes Czwalina

Wir Kinder haben keine Fragen an den Vater gestellt, mit meinem Vater wäre das auch nicht gegangen, völlig ausgeschlossen. Mit der Mutter ging es auch nicht, von der gab es nur Worthülsen zu hören, wie »Wo Licht ist, ist auch Schatten« und solcher Quatsch. Es wurde geschwiegen bis zum Tod. Für mich war mein Vater in erster Linie ein Vater, und zwar ein schlechter und ein feiger dazu. Er hatte ein Verhältnis mit seiner Sekretärin, die ihm die ganze Zeit bis zu seinem Tod nicht von der Seite gewichen war. Die Ehe mit der Mutter spielte er uns allen anderen die Jahre über vor. Die Antriebsfeder meines Vaters war grenzenloser Opportunismus gewesen, und den spüre ich auch in mir. Es gab Situationen in meinem Leben, da habe ich diesen Opportunismus so in mir gefühlt, daß ich dann genau das Gegenteil gemacht habe, nur weil ich nicht so sein wollte wie er. Ich habe mich immer wieder gefragt, wie ich mich verhalten hätte an meines Vaters Stelle damals in der Diktatur. Ich habe keine Antwort gefunden. Ich weiß auch nicht, was ich getan hätte, wenn die Amerikaner meinen Vater viel härter bestraft hätten. Hätte ich mich losgesagt von ihm? Hätte ich gebrochen mit ihm? Wahrscheinlich eher nicht, obwohl ich meinen Vater nicht geliebt habe. Ich hatte oft das Gefühl, daß ich ganz alleine auf der Welt bin. Als er starb, habe ich nicht geweint. In den Redaktionen, in denen ich gearbeitet habe,

habe ich mich oft gefragt, was aus meinen Kollegen damals wohl geworden wäre. Wer wäre ein Nazi gewesen? Wer ein Täter? Wer ein Mitläufer? Diesen Blick bringe ich nicht mehr raus aus meinem Kopf. Vielleicht ist das auch der Grund, warum Erfolg und Karriere nie Begriffe waren, die ich für wichtig hielt im Sinne eines geglückten Lebens. Ich hatte in meinem Leben nur ein Ziel gehabt: Ich wollte es besser machen mit meinen Kindern, als mein Vater es gemacht hat, ich wollte mit meinen Kindern einen herzlichen, offenen, auch kritischen Umgang erreichen. Dabei ging es mir vor allem um eines: Ich will, daß sie wissen, egal, was passiert, ich bin für sie da. Es ist erstaunlich, aber das Thema wird immer wichtiger. Je älter ich werde, desto mehr beschäftige ich mich damit. Deshalb ist es auch Unsinn zu fordern: Jetzt müsse mal Schluß sein mit der Vergangenheitsaufarbeitung. Das Gegenteil stimmt: Langsam ist das alles weit genug weg, daß man endlich die richtigen Geschichten erzählen kann.

Karl-Otto Saur junior

Sohn von Karl-Otto Saur, der von Hitler in seinem Testament zum Nachfolger von Albert Speer als Rüstungsminister Deutschlands bestimmt worden war. Dieser sorgte während des Nazi-Regimes für die Ankurbelung der Kriegsrüstung und für den Nachschub von Zwangsarbeitern; in: Lebert, Norbert/Lebert, Stephan: Denn Du trägst meinen Namen. Das schwere Erbe der prominenten Nazi-Kinder, München 2000.

Die beigelegten zwei Sätze beinhalten die Erkenntnis, die ich aus meinem »illegalen« Leben gezogen habe: Das Entscheidende und Schwierigste im Leben scheint mir, einen Entschluß zu fassen, an dessen Gültigkeit auch nach genauem Überlegen kein Zweifel bleibt. Die Ausführung des Entschlusses hat dann eine Eigengesetzlichkeit, die sich die grundlegende Erkenntnis zur Norm macht und damit das Handeln erleichtert.

Konrad Latte

Konrad und Ellen Latte gehören zu den 1.423 Berliner Juden, die die Nazidiktatur als Untergetauchte überlebten. Weil ihnen in dieser Zeit insgesamt circa 50 »normale« Bürger allen Gefahren zum Trotz durch ihre Zivilcourage beim Untertauchen geholfen hatten, haben sich Lattes nach dem Krieg entschlossen, in Berlin zu bleiben; in einem Brief an den Autor vom 27. Juli 2001.

Ich habe nur meine Pflicht getan, was nichts weiter bedeutet, als ein moralisches Gesetz zu befolgen. In meinem Fall handelt es sich nur um einen bescheidenen Beitrag von Hilfe – vielleicht eine riskante Hilfe – in einer Zeitepoche, in der die ganze Welt ähnlich hätte handeln müssen. Ich versuchte diejenigen, die Unglaubliches erdulden mußten und die Opfer von unverzeihlichen Greueltaten wurden, zu schützen. Ich tat, was ich für nötig und richtig hielt und wünsche nur, ich hätte tausendmal, hunderttausendmal mehr tun können. An die Risiken habe ich nicht gedacht. Man will doch morgens noch in den Spiegel schauen können. Ich war Deutsche. Was in meinem Land zur Hitlerzeit geschah, hat mich tief, tief, tief beschämt. Ich konnte es nicht mitmachen, aber ich mußte ja auch nicht mitmachen. Jede mögliche Bestrafung wäre an mir abgeglitten wie Wasser an Vogelfedern, denn ich wußte, ich hatte recht gehandelt.

Ursula Meissner

Lebt heute in Genf; diese Sätze antwortete die inzwischen 78jährige im Sommer 2001 auf die Frage, warum sie einer bedrohten Familie, die sie gar nicht kannte, Unterschlupf gewährt hatte. Der jüdischen Familie Latte öffnete die damals 20jährige Schauspielerin Ursula Meissner, die am preußischen Theater unter Gustaf Gründgens spielte, 1944 in Berlin die Tür. »Hier können Sie erst einmal bleiben«, begrüßte sie die Familie. Sie sagte nicht: »Einer kann bleiben« oder »Höchstens zwei Tage könnt ihr bleiben«. Sie nannte keine Bedingung. »Es war das erste und das letzte Mal«, erinnert sich Konrad Latte, »daß wir den Luxus genossen, uns alle drei unter einem Dach verstecken zu können. Später haben wir das niemandem mehr zugemutet.« Die Wohnung in der Schivelbeiner Straße in Berlin war für Familie Latte die erste Station ihres Lebens im Untergrund. Ursula Meissner hatte ihre Gäste im Haus als ausgebombte Freunde vorgestellt. Die Geräusche in der Wohnung ließen sich von interessierten Nachbarn sowohl von oben wie von unten verfolgen. Es dauerte auch nicht lange, bis Ursula Meissner von einer Anwohnerin angesprochen wurde: »Ihre ausgebombten Freunde sehen aber ziemlich jüdisch aus!«

Mein lieber Konradin, … Sagen Sie nicht, daß Sie mir mit leeren Händen kämen. Sie leben! … Was wir Menschen einander Gutes tun können, ist in Worten sehr wenig, im Stillen Dunklen aber als Vertrauen herrliche Kraft.

Gottfried von Einem

In einem Brief vom 1. Dezember 1944 an Konrad Latte. Gottfried von Einem war ein Patenkind des Reichsmarschalls Göring, in Eliteschulen Deutschlands und der Schweiz aufgewachsen. Von Hause aus Baron und später mit Lianne von Bismarck verheiratet, gehörte er zur Elite der Gesellschaft. Er entwickelte sich zum entschiedenen Gegner des Nazi-Regimes und gehörte zu einem kleinen Kreis von Oppositionellen an der Berliner Oper. Er half nicht nur Konrad Latte, indem er ihm eine Arbeit an der Oper verschaffte, sondern auch vielen anderen vom Regime Verfolgten. Gottfried von Einem ließ sich nach dem Krieg in Salzburg nieder und war neben seiner Arbeit als Komponist Berater für die Salzburger Festspiele. Nach dem Tod seiner Frau lehrte er von 1963 bis 1972 an der Wiener Musikhochschule. Er starb 1996 in der Ramsau (Österreich), wo er zuletzt wohnte; in: Schneider, Peter: Und wenn wir nur eine Stunde gewinnen. Wie ein jüdischer Musiker die Nazi-Jahre überlebte, Berlin 2001.

Als ich nach Deutschland nach dem Krieg zurückkehrte, fand ich vor, was ich nicht erwartet hätte. … Die wenigen, die ihren Kopf riskiert haben und Widerstand geleistet oder untergetauchten Juden geholfen und durch ihre oft nur bescheidenen Hilfeleistungen das schreckliche Los dieser Menschen gelindert hatten, fanden nur zwiespältig Anerkennung. Daß sie stille Zeugen der Menschlichkeit in einer unmenschlichen Zeit gewesen waren, wurde kaum zur Kenntnis genommen. Ich spürte bald, daß viele Deutsche, mit denen ich Kontakt hatte, mich und meine Einstellung nicht verstanden. Manchem mag ich als lebendige Anklage unangenehm und unbequem gewesen sein. Andere waren so ausschließlich damit beschäftigt, die Gegenwart und Zukunft zu bewältigen, daß sie keinen Gedanken an die Vergangenheit verschwenden mochten. Ich frage mich, ob ich nicht zu viel von den Deutschen verlangte, wenn ich Verständnis für mich und Entsetzen über das Ungeheuerliche der Vergangenheit erwartete. Berichtete ich Deutschen darüber, so zuckten sie oft mit den Schultern und meinten, es gäbe immer eine unbedeutende Zahl von Unverbesserlichen. Im übrigen rieten sie mir, nicht die Vergangenheit zur Richtschnur meines Denkens und Handelns zu machen und dies auch nicht von anderen zu verlangen. Diese Haltung war mir um so unverständlicher, als ich bis zum heutigen Tag nicht begreifen kann, wie es möglich war, daß Menschen zu so bestialischen Morden fähig sind. Ich fühlte mich in Deutschland fremd und allein. Darüber konnten mir auch Freunde nicht hinweghelfen, die mich verstanden und meine Einstellung teilten.

Inge Deutschkron

Geboren 1922. Auch sie gehörte zu den 1.423 Juden in Berlin, die das Kriegsende überlebt haben. Bis zu ihrer Pensionierung war sie Deutschlandkorrespondentin der israelischen Zeitung Maariv; in: Inge Deutschkron: Ich trug den gelben Stern, München 1985.

Ich glaube, daß, wenn die Bischöfe alle miteinander an einem bestimmten Tage öffentlich von den Kanzeln aus dagegen Stellung genommen hätten, sie vieles hätten verhüten können. Das ist nicht geschehen, und dafür gibt es keine Entschuldigung. Wenn die Bischöfe dadurch ins Gefängnis oder in Konzentrationslager gekommen wären, so wäre das kein Schade, im Gegenteil. Alles das ist nicht geschehen, und darum schweigt man am besten.

Konrad Adenauer

In einem Schreiben an den Bonner Pfarrer Bernhard Custodis vom 23. Februar 1946; in: Adenauer: Briefe 1945–1947, Berlin 1983, S. 172f. Bis zum Kriegsende ist kein deutscher Bischof, weder auf katholischer noch auf evangelischer Seite, aus politischen Gründen inhaftiert worden. Was an tatsächlichem Widerstand gegen das Regime von den Kirchen ausging, kam durchweg nur von unten, von Pfarrern, Gemeinden und einzelnen Christen. Sie hatten, wie die Listen der Opfer aufweisen, auch die ganze Last der Verfolgung zu tragen. Nicht selten haben Kirchenleitungen den aus politischen Gründen Inhaftierten und Verurteilten sogar die Solidarität verweigert, so z.B. Dietrich Bonhoeffer, dem die Bekennende Kirche »den Platz auf der Fürbitteliste verweigerte« (Tuchel, Johannes/Steinbach, Peter: Widerstand gegen den Nationalsozialismus, Berlin 1984).

Wir sind stumme Zeugen böser Taten gewesen, wir sind mit vielen Wassern gewaschen, wir haben die Künste der Verstellung und der mehrdeutigen Rede gelernt, wir sind durch Erfahrung mißtrauisch gegen die Menschen geworden und mußten ihnen die Wahrheit und das freie Wort oft schuldig bleiben, wir sind durch unerträgliche Konflikte mürbe oder vielleicht zynisch geworden – sind wir noch brauchbar?

Dietrich Bonhoeffer

Theologe, geboren am 4. Februar 1906 in Breslau, ermordet am 9.April 1945 im KZ Flossenbürg, seit 1933 war er entschiedener Gegner des Nationalsozialismus; Ende 1942 in der Schrift »Nach zehn Jahren«.

Frage:
Herr Professor Mommsen, warum hat es unter den Wirtschaftsführern so wenig Widerstand gegen Hitler gegeben?

Mommsen:
In der Tat tauchten bestimmte Berufsgruppen im Widerstand überhaupt nicht auf, darunter Repräsentanten der Wirtschaft. Von den Industrieführern haben nur wenige wie Robert Bosch und Paul Reusch, der Vorstandsvorsitzende der Gutehoffnungshütte, eindeutig Stellung gegen Hitler bezogen. Die Wirtschaftsführer waren offensichtlich zu sehr in die tägliche Arbeit eingespannt, um Abstand zum Regime zu gewinnen.

Frage:
Die Mehrzahl der Manager hatte kein Unrechtbewußtsein?

Mommsen:
Das ist richtig, und man sollte dabei bedenken, daß sie schrittweise in das System der Zwangsarbeiterbeschäftigung gelangten. Es begann mit dienstverpflichteten Arbeitskräften aus den Benelux- und den skandinavischen Ländern sowie aus Polen. Kritisch war sicherlich die Beschäftigung von KZ-Häftlingen, die unter Aufsicht der SS denkbar schlechte Existenzbedingungen hatten. Letztlich aber haben die meisten Konzerne diesen Weg gewählt, häufig um die Verlagerung der Betriebe unter Tage zu ermöglichen … Es gab nicht nur bei den Belegschaften, sondern auch bei den Managern eine Art Flucht in die Betriebe, um sich nicht die Sinnlosigkeit des eigenen Tuns eingestehen zu müssen. Die Masse der Wirtschaftsführer und Unternehmer stand dem Regime bis zuletzt loyal gegenüber … Die direkte und indirekte Mitverantwortung der Unternehmensführungen für Verbrechen des NS-Regimes entzieht sich in der Regel juristischen Kategorien. Die politisch-moralische Mitverantwortung der Manager für die Rüstungs- und Ausbeutungspolitik des NS-Systems und ihr »Abgleiten in die Barbarei« sind unbestreitbar.

Frage:
Einzelne Unternehmen weigerten sich, ihre Archive zu öffnen, so daß ihr Verhalten lange im Dunkeln lag.

Mommsen:
Schlimmer noch war, daß Akten aus der damaligen Zeit in den fünfziger Jahren zum Teil gezielt vernichtet wurden, so wie etwa bei der Volkswagen AG.

Frage:
Und nach dem Kriegsende 1945 – setzte da Selbstkritik ein?

Mommsen:
Nein, die Unternehmer verhielten sich da nicht anders als die anderen deutschen Eliten. Bei Ferdinand Porsche etwa war nach dem Krieg nicht die geringste Spur von Unrechtsbewußtsein zu erkennen; er fühlte sich bei den Vernehmungen durch die U.S. Army ungerecht behandelt.

Frage:
Wurden die Wurzeln des Wirtschaftswunders nach dem Krieg schon im Dritten Reich gelegt?

Mommsen:
Es gibt eine Reihe von Unternehmen, die sich bereits unter den Nazis für die Zeit danach eine günstige Ausgangsposition verschaffen konnten.

Prof. Hans Mommsen

Historiker, geboren 1928. Hans Mommsen lehrte bis 1966 als Professor für Neuere Geschichte an der Ruhr-Universität Bochum. Der Urenkel des Historikers Theodor Mommsen veröffentlichte zusammen mit Manfred Grieger die Studie »Das Volkswagenwerk und seine Arbeiter im Dritten Reich«. 1998 erhielt Mommsen den Carl-von-Ossietzky-Preis; aus einem Interview in: Spiegel Nr. 32, 2001: »Abgleiten in die Barbarei«.

Stellt euch der allgemeinen Angst entgegen! Immer wieder hört man die Redewendung: »Wir müssen durch! Wenn wir jetzt nicht siegen, geht es uns allen schrecklich an den Kragen« ... Dies ist das Gerede, das die derzeitigen Machthaber selbst verbreiten, um ihre Herrschaft zu festigen ... Die Weltgeschichte wird auf keinen Fall ihren tieferen Sinn verlieren und das Unmögliche wird nicht möglich dadurch, daß wir uns in Verkennung der Dinge bemühen, dem Verbrechen und dem Wahnwitz zum Siege zu verhelfen, nur weil Verbrechen und Wahnwitz sich zur Zeit in Deutschland eingenistet haben.

Flugblatt der Harnack/Schulze-Boysen-Organisation

»Die Sorge um Deutschlands Zukunft geht durch das Volk«, in Berlin im Winter 1941/42 verteilt; aus: Dokument Nr. Mat.17.6, Gedenkstätte Deutscher Widerstand Berlin 7/97/4, Redaktion Prof. Dr. Peter Steinbach.

Nichts ist eines Kulturvolkes unwürdiger, als sich ohne Widerstand von einer verantwortungslosen und dunklen Trieben ergebenen Herrscherclique »regieren« zu lassen. Ist es nicht so, daß sich jeder ehrliche Deutsche heute seiner Regierung schämt, und wer von uns ahnt das Ausmaß der Schmach, die über uns und unsere Kinder kommen wird, wenn einst der Schleier von unseren Augen gefallen ist und die grauenvollsten und jegliches Maß unendlich überschreitenden Verbrechen ans Tageslicht treten?

Flugblatt der »Weißen Rose«

Nach einem Entwurf von Hans Scholl und Alexander Schmorell, Juni 1942. An der Münchner Universität findet sich im Frühjahr 1942 um Hans und Sophie Scholl und Alexander Schmorell eine Gruppe von Studenten zusammen, die sich der totalen Vereinnahmung durch den Nationalsozialismus entziehen. Sie werfen Hunderte von Flugblättern u.a. in den Lichthof der Universität. Sie werden von einem Hausmeister gestellt und der Gestapo übergeben. Als führende Mitglieder der »Weißen Rose« werden sie am 2. Februar 1943 zum Tode verurteilt und am gleichen Tag hingerichtet. Aus dem Todesurteil: »Wenn solches Handeln anders als mit dem Tod bestraft würde, wäre der Anfang einer Entwicklungskette gebildet, deren Ende einst – 1918 – war. Deshalb gab es für den Volksgerichtshof zum Schutze des kämpfenden Volkes und Reiches nur eine gerechte Strafe: die Todesstrafe. Durch ihren Verrat an unserem Volk haben die Angeklagten ihre Bürgerehre für immer verwirkt«, gez. Dr. Freisler.

Es ist die Zeit, daß jetzt etwas getan wird. Derjenige allerdings, der jetzt etwas zu tun wagt, muß sich bewußt sein, daß er wohl als Verräter in die deutsche Geschichte eingehen wird. Unterläßt er jedoch die Tat, dann wäre er ein Verräter vor seinem eigenen Gewissen.

Claus Schenk Graf von Stauffenberg

Geboren am 15. November 1907, ermordet am 20. Juli 1944 in Berlin im Hof des Bendlerblocks; er sprach diese Worte kurz vor seinem Tod; in: Dokument Nr. Mat. 1.3, Gedenkstätte Deutscher Widerstand Berlin 6/98/4, Redaktion Prof. Dr. Peter Steinbach.

Ich möchte, daß man weiß: daß es keinen namenlosen Helden gegeben hat, daß es Menschen waren, die ihren Namen, ihr Gesicht, ihre Sehnsucht und ihre Hoffnungen hatten und daß deshalb der Schmerz auch des letzten unter ihnen nicht kleiner war als der Schmerz des ersten, dessen Name erhalten bleibt. Ich möchte, daß sie euch alle immer nahe bleiben, wie Bekannte, wie Verwandte, wie ihr selbst.

Julius Fucik

Journalist, am 23. Februar 1903 in Prag geboren, Haftaufzeichnung aus dem Frühjahr 1943. Im April 1942 wird er in Prag von der Gestapo verhaftet. In der Gefängniszelle schreibt er seine »Reportagen unter dem Strang« und kann sein Manuskript aus dem Gefängnis schmuggeln lassen. Im Mai 1943 wird er nach Deutschland verschleppt, zum Tode verurteilt und in der Nacht zum 8. September 1943 gemeinsam mit 185 anderen Verfolgten des NS-Regimes in Berlin Plötzensee ermordet.

Ich werde lieber gehaßt für das, was ich bin, als geliebt für das, was ich nicht bin.

Rainer Werner Fassbinder

Schauspieler, Regisseur, Autor und Produzent, geboren am 31. Mai 1945 in Bad Wörishofen, gestorben am 10. Juni 1982 in München. Seine auch international vielbeachteten Regiearbeiten (u.a. »Berlin Alexanderplatz«, 1980, »Die Sehnsucht der Veronika Voss«, 1982) befassen sich mit Außenseiterschicksalen und von der Gesellschaft ausgegrenzten Charakteren.

Wahrhaftigkeit

Mehr Wahrhaftigkeit

Wahrheit ist das, was nicht maskiert ist. Wahrheit über uns selbst ist das, was wir tun, wenn es niemand merkt, was wir wirklich denken, wenn wir ganz allein sind. Wahrheit erweist sich als der bewußte Verzicht auf jede Art von Manipulation. Wahrheit kann schmerzlich sein. Wahrheit stellt die Spur dar, die wir in unserem Leben bereits hinterlassen haben, die wir nicht mehr verändern können. Wahrheit liegt im »Ja« zur Wahrheit, wo wir sie erkennen, und im »Nein« zur Manipulation, wo wir uns ihrer bewußt werden. Wahrheit und Demut hängen genauso zusammen wie Manipulation und Macht. Wir können Wahrheit auch nicht mit Richtigkeit gleichsetzen. Es gibt Rechnungen, die richtig sind, aber trotzdem keine Spur von Wahrheit für sich in Anspruch nehmen können. Richtigkeit erweist sich als eine Funktion des Verstandes, Aufrichtigkeit als eine Sache des Herzens.

Das Wesen der Manipulation bildet der Schein anstelle des Seins. Hauptsache, es sieht so aus, als täten wir etwas Gutes. Das ist das wichtigste Anliegen vieler Menschen, die sich dem Schmerz ihres Gewissens nicht stellen wollen. Das Böse findet Eingang in unserem Leben, wenn es wie etwas anderes aussieht. Niemand tut etwas, was nicht irgendwie »gut« wirkt. Man pflegt Systeme aufzubauen, in deren Rahmen das, was man tut, immer gut erscheint.

Wo Wahrhaftigkeit fehlt, kann man vorübergehenden Erfolg haben, aber man wird früher oder später über den eigenen Charakter stolpern. Offenheit und Ehrlichkeit im eigenen Wesen und im privaten wie im öffentlichen Bereich ist eine unumstößliche Grundlage für langfristigen Erfolg bzw. langfristiges Wohlergehen.

Wenn man nicht von Grund auf wahrhaftig ist, werden auch einzelne Werte, die man einsetzt, zum Werkzeug von Manipulation. Manipulation führt langfristig immer zu Vertrauensverlust. Wo Vertrauen schwindet, erntet man Mißtrauen.

Wer sich selbst wie auch anderen gegenüber wahrhaftig und echt ist, wer nicht beansprucht oder vorgaukelt, was ihm nicht entspricht, der kommt von der Unruhe in den Frieden.

Langfristig erweist sich Wahrheit als das bessere Werbemittel als Manipulation, weil nur so eine Ebene des Vertrauens erreicht werden kann. Was bedeutet diese Erkenntnis in ihrer Umsetzung in unserem täglichen Leben?

Sagen wir endlich das, was wir meinen: »Ich bin zu faul, zu Dir zu kommen«, und sagen wir nicht: »Ich habe keine Zeit«. Schreiben wir, was wir meinen, z.B. in Zeugnissen und Zwischenzeugnissen von Mitarbeitern. Nehmen wir Abstand von Komplexitätslügen: In Werbeprospekten im Personalbereich beispielsweise gaukelt man dem Kunden oft vor, wie schwierig und komplex das ganze Thema sei. Dabei geht es oft nur um banale Dienstleistungen. Man wirft mit Fremdworten um sich, bestückt das Werbematerial mit Sinuskurven, Kubi und Quadern, um den Kunden zu beeindrucken und ihm das Gefühl zu geben, er selbst komme nicht annähernd an das Verständnis der Dienstleistung heran, weshalb er diese um so dringender benötigen würde.

Die Wahrheit bedarf nicht des Werkzeuges der Manipulation, um noch wahrer zu werden.

Sollten wir nicht den Mut haben, darüber nachzudenken, daß Wahrheit und Wahrhaftigkeit langfristig eine ungeheuer kreative, innovative Kraft haben? Manipulation ist in Wirklichkeit langweilig, farblos und flach. Sie hat keine Lebensenergie in sich. Ein Mensch dagegen, der um *wahre* Freiheiten kämpft, erlebt, wie er immer mehr in einen Raum innerer Vitalität vorstößt.

Jemand sagte einmal: »Meine Ohren sind so voll von dem, was Du bist, daß ich nicht einmal hören kann, was Du sagst.« Das, was wir sind, spricht immer viel mehr als das, was wir sprechen. Nicht-authentische Menschen bereiten ihren Mitmenschen das Unbehagen, das darin besteht, daß diese merken, daß ihr Gegenüber nicht das ist, was es spricht. Wenn Taten stets anders sind als Worte, werden es die anderen mit der Zeit merken, und es werden keine Fundamente entstehen, auf denen Beständiges gebaut werden kann. Nur authentische Identität hat authentische Beziehungen zur Folge.

Die Möglichkeiten, tragende Beziehungen aufzubauen, liegen in uns selbst, in unserem Charakter. Glaubwürdigkeit sollte ein unverzichtbares Anforderungsmerkmal für Führungskräfte sein. Reden und Tun müssen übereinstimmen und auch sichtbar sein, oder, um noch einmal Alfred Herrhausen zu zitieren: »Wir müssen das, was wir denken, sagen. Wir müssen das, was wir sagen, tun. Wir müssen das, was wir tun, dann auch sein« (Schmidt, Arthur P.: Alfred Herrhausen - Vorbild mit Visionen, in: Q-Magazin 4/95, S. 18).

Bei der Begegnung mit uns muß man spüren, daß wir uns weder überflüssig noch unterlegen wissen..., daß es uns gar nicht darauf ankommt, um jeden Preis ein paar Lebenstage länger dazusein, daß es aber wohl darauf ankommt, um jeden Preis so zu sein, wie wir sind.

Alfred Delp

Jesuitenpater, geboren am 15. September 1907, ermordet am 2. Februar 1945 in Berlin Plötzensee; in einem Aufsatz von 1939. Er arbeitete bis 1941 als Redakteur der katholischen Zeitschrift »Stimmen der Zeit« und pflegte Kontakt zu Kreisen des Deutschen Widerstandes.

Vorteile?

Mehr Haben?

Die sich schnell verändernde Industriegesellschaft versteht es perfekt, Bedürfnisse zu befriedigen, und unsere Konsumgesellschaft eignet sich perfekt dazu, Bedürfnisse zu erzeugen. Aber eine zutiefst menschliche Sehnsucht wird nicht erfüllt: die Sehnsucht nach Sinn. Wir besitzen genug, manchmal übergenug von dem, wovon wir leben können. Aber wissen wir, wofür wir leben, wozu wir zu leben imstande wären? Wir haben die Lebensmittel, aber wie sieht unser Lebenszweck, Lebenssinn aus? Wir empfinden Unbehagen, haben aber nicht die Kraft, unser Unbehagen auszudrücken.

Erfolgreiche Menschen erscheinen mir bisweilen wie verlorengegangene Schatzsucher. Weil sie das Ziel, das ihrem Bedürfnis entspricht, nicht gefunden haben, und weil sie das alltägliche Berufsleben nicht befriedigt, erklären sie kurzerhand die Wege selbst zu Zielen und machen das Karrierestreben zum Selbstzweck. Der Verlust des Sinns hat dann zur Folge, daß ein Vertauschen von Wegen bzw. Mitteln mit Zielen stattgefunden hat.

Macht und Einfluß, Arbeit und Leistung, Haus und Geld – sind das Ziele oder Wege? Schöne oder schnelle Fortbewegungsmittel wie Auto oder Motorrad – sind das Ziele oder Mittel unseres Lebens? So gilt für viele Ältere: Ich weiß zwar nicht, wohin ich reise, aber dafür komme ich um so bequemer dorthin. Und so gilt für viele Jüngere: Ich weiß zwar auch nicht, wohin ich reise, aber dafür bin ich um so schneller dort.

Wenn es sich um Ziele handelt, was bleibt dann von unserer Identität, wenn Leistungskraft und Gesundheit eines Tages nicht mehr da sind?

Welches Ziel aber haben wir, und welche Bedeutung haben unsere Ziele, wenn wir wüßten, daß wir nur noch einen Monat zu leben haben?

Die Wachstumswirtschaft braucht als ständigen Motor

stetig zunehmenden Konsum. Das Konsumdenken wird uns ständig indoktriniert, obwohl die Grenzen des Wachstums seit langem ein bekanntes Faktum sind. Auch die Natur kennt kein unbegrenztes Wachstum, warum sollte ausgerechnet die Wirtschaft unbegrenztes Wachstum haben können?

Schon in der Antike galt »Temperament« als sittliche Norm der Lebensgestaltung; Temperament bedeutet Mäßigung und Selbstbeherrschung. Homer benutzte hierfür das Wort »Sophrosyne« (Besonnenheit). Für Platon zählten Maßhalten, Weisheit und Gerechtigkeit zu den vier Kardinaltugenden. Aristoteles setzte tugendhaftes Handeln mit der vernünftigen Mitte zwischen zwei Extremen menschlichen Verhaltens gleich *(mesotes):* »Der tugendhafte Mensch wählt die Mitte und entfernt sich von beiden Extremen, dem Zuviel und dem Zuwenig.«

Was können wir aus der Antike lernen? Zum Beispiel dies: Man sollte sich nichts aus Statusgründen kaufen, sondern nur aus Notwendigkeit. Oder: Wir sollten alles ablehnen, was uns zur Sucht werden kann. Wir müssen lernen, zwischen den echten Bedürfnissen und einer Abhängigkeit zu unterscheiden. Sucht kann Dinge bedeuten, die wir konsumieren. Sucht kann auch Geld bedeuten.

Weder die Habgierigen noch die Geizigen kennen die Freiheit der Einfachheit. Diese Freiheit existiert unabhängig davon, ob man gerade im Mangel oder im Überfluß lebt. Wir können uns nicht frühzeitig genug von einer zu glatten Denkweise verabschieden, die jedem ein sorgenfreies Leben und unbeschränkte Freiheit und Genuß verspricht. Da unsere Welt nicht über unbeschränkte Ressourcen verfügt, sollte die Devise heißen: Bescheidenheit, weniger Konsum, weniger Produktion, also Abschied von der Ideologie des ewigen Wachstums, die unsere Wirtschaft beherrscht.

Immanuel Kant hat diesen Gedanken in seinem kategorischen Imperativ auf den Punkt gebracht. Kant schreibt: *»Reich ist man nicht durch das, was man besitzt, sondern mehr durch das, was man mit Würde zu entbehren weiß. Es könnte sein, daß die*

Menschheit reicher wird, indem sie ärmer wird, und gewinnt, indem sie verliert.«

Das Meinungsforschungsinstitut Forsa führte in Deutschland im Jahr1998 und noch einmal im Jahr 2001 im Oktober nach den Terroranschlägen in den USA die gleiche Befragung durch: »Was ist in Ihrem Leben von ganz besonderer Bedeutung?« Gegenüber 1998 sind folgende Werte in der Bewertungsskala im Oktober 2001 sprunghaft angestiegen: gute Freunde haben, soziales Engagement, Freizeit, Liebe, Glaube an Gott. Gegenüber 1998 sind folgende Werte in der Bedeutungsskala stark zurückgegangen: Erfolg im Beruf, Karriere, eigenes Haus und Garten, Geld verdienen, Anerkennung in der Gesellschaft.

Da stellen sich viele also wieder ernsthafter die Fragen: Was ist mir wichtig? Was hat Bedeutung? Was bleibt? Was zählt? Lange hinkte das Soziale zugunsten des Egokultes stark hinterher. Nun ist sie plötzlich wieder da, die Sehnsucht nach festen Beziehungen und nach beständigen Werten. Gerade waren wir noch dabei, über die neue Herbstgarderobe nachzudenken, über den Urlaub, über den neuen Eßtisch. Brauchte es einen Auslöser, um über unsere längst überfälligen echten »Basics« nachzudenken?

Einfachheit ist Freiheit, nicht Sklaverei. Gewöhnen wir uns daran, Dinge zu verschenken, wenn wir entdecken, daß wir an irgend etwas hängen. Zu viele Dinge, die nicht gebraucht werden, machen das Leben kompliziert. Sie müssen versorgt, verstaut, umgeräumt und untergebracht werden. Die meisten können sich von mehr als der Hälfte ihres Besitzes trennen, ohne daß es für sie ein ernsthaftes Opfer bedeuten würde.

Lernen wir, uns an Dingen zu erfreuen, auch wenn wir sie nicht selbst besitzen. An vielen Dingen im Leben kann man Freude haben, ohne daß sie einem gehören. Die schönsten Dinge im Leben sind ohnehin umsonst.

Warum bewegt oft echte Resignation die Menschen, weshalb beschleicht uns Unbehagen, die einen bewußt, die anderen, zahlreicheren, unbewußt? Sind wir plötzlich nicht mehr zufrieden mit der Welt, die wir uns selbst aufgebaut haben? Am Anfang unserer Karriere – so merkwürdig das klingen mag – war unsere Welt einfach. Es gab den Imperativ »Arbeiten und Aufbauen«. Zunächst wollten wir Brot, um zu leben. Nachdenken mußte später kommen. Aber offenbar ist nicht die ganze Rechnung aufgegangen. Ein Unbehagen hat sich eingestellt, als wir erkannten, daß unsere Wirtschaft in zunehmendem Maße eine Zivilisation hervorbringt, in deren Mittelpunkt ausschließlich die Produktion und Konsumation von Gütern steht. Die Gefahr, in der wir uns ohne Zweifel befinden, ist gekennzeichnet durch die Tatsache, daß deshalb solche Güter, die keinen Marktwert haben, an den Rand der Werteskala geraten. Unsere Wirtschaft hat in sich noch keinen Raum entwickelt für Bedürfnisse, deren Befriedigung zwar Kosten verursacht, aber keine unmittelbaren Gewinne abwirft. »Der Mensch lebt nicht von Brot allein« – insbesondere dann nicht, wenn er genug davon hat.

Alfred Herrhausen
In: Denken, Ordnen, Gestalten, Berlin 1990.

Ich bin durch Jahre bitterer Armut gegangen, und auch meine Eltern haben als Flüchtlinge in den Jahren 1945 bis 1950 sich oft nicht satt essen können, haben frieren müssen, haben kein Geld und keine Ressourcen gehabt, um Vaters Hungerödeme zu heilen. Das ist grausam. Ich selber habe in der Kriegsgefangenschaft bitterste Entbehrungen erleben müssen, Hunger, Kälte, Krankheit, ohne Möglichkeit, dem zu wehren. Damals war schon ein unerwartetes Stück Brot ein großer Reichtum, den man mit den Kameraden teilen konnte.

Reichtum ist folglich für mich zunächst einmal das Gegenteil von schmerzlichen Entbehrungen. Nimmt Reichtum die Form des Überflusses an, so ist er gut, um reichlich davon abgeben zu können und die Not anderer damit zu lindern.

Reichtum hat aber seine Grenzen. Die im Leben wichtigsten

Dinge kann kein noch so großer Reichtum erkaufen: dankbare Zufriedenheit; glückliche Beziehungen, die Fähigkeit, die kleinen Freuden am Wegesrand zu sehen und sich dankbar daran zu freuen, die Gabe, lieben zu können.

Franz von Mutius

Zweiter Generaldirektor ILO International Labor Organisation a.D., Träger des großen Bundesverdienstkreuzes, geboren 1925; in einem Gespräch mit dem Autor am 11. August 1999.

Nicht das Geld an sich ist schlecht, sondern sein Umgang damit kann sich zur Drogensucht entwickeln, analog zur Alkoholsucht. Zu welch schrecklichen Folgen dies führen kann, wissen wir alle.

Geld ist ein Mittel zum Zweck. Wir können damit viel Gutes tun.

Geld ist nicht alles, aber ohne Geld ist (fast) alles nichts. Von meinem Vater habe ich gelernt, daß Geld nicht verteufelt, sondern zur Mehrung des Gemeinwohles verwendet werden soll. An dieser Maxime würde sich für mich nichts ändern, auch wenn ich noch einmal leben würde.

Alexander Müller-Meier

Geboren 1938, Bettingen bei Basel; in einem Brief an den Autor vom 3. August 1999.

Reichtum ist alles andere als ein Garant für Glück. Reichtum ermöglicht uns, Gutes und Schlechtes zu tun, und er ist gleichzeitig Herausforderung, Verpflichtung und Anlaß zur Dankbarkeit. Wo der Reichtum nicht mit einer guten Portion Herz kombiniert ist, wird er zur Katastrophe.

Dr. iur. Wolfgang Baumann

Privatbankier, Basel, geboren 1932; in einem Brief an den Autor vom 12. August 1999.

Mit dem Geld verhält es sich wie mit dem Leben: Wer es behalten will, der wird es verlieren. Gemeint ist dabei, sich daran klammern, zu dominieren und nicht loslassen zu wollen. Es ist eine Frage der inneren Freiheit, ob und wie wir mit dem Geld wertfrei und weise umzugehen imstande sind.

Werner Baumann

VR-Präsident des Verwaltungsrates der Kurzentrum Rheinfelden Holding AG, Berater für die Gesellschaft zur Beratung von Führungskräften, geboren 1931; in einem Gespräch mit dem Autor vom 12. August 1999.

Vor kurzem sagte mir der oberste Chef einer der größten Banken der Welt: »Mein einziges Ziel und meine ganze Motivation, so viel zu arbeiten, ist, möglichst rasch sehr reich zu werden!«

Wenn Menschen mit dieser Einstellung an der Spitze großer Schweizer Unternehmen stehen, muß man sich nicht wundern, daß die Unternehmenskultur trotz gutgehenden Geschäfts vielerorts am Boden liegt. Geld ohne gelebte menschliche Werte ist »wertlos«.

Dr. iur. Roland Rasi

Generaldirektor Schweizerischer Bankverein a.D., geboren 1945; in einem Gespräch mit dem Autor vom 18. August 1999.

Ich gehöre zu den Tadschiken und stamme aus einer Provinz im Norden. Mein Vater war Gemeinderat, meine Mutter Hausfrau. Meinen Vater habe ich nie gesehen. Er war in russischer Gefangenschaft. Meine Mutter sagte immer, er macht eine lange Reise. Er kam nie zurück. Ich war sechs, als ich verstand, was sie meinte. Wir hatten gerade genug zum Leben. Das Denken, immer mehr haben zu wollen, existierte bei uns nicht. Viele Menschen hier im Westen finden nicht mehr das gesunde Maß für Zufriedenheit. Die Selbständigkeit der Frauen hier finde ich zwar einerseits gut, andererseits aber darf man nicht das gesunde Maß überschreiten, sonst geschehen Probleme in der Familie, und diese Probleme gefährden irgendwann den Halt in einer Gesellschaft. Ich fahre Auto und treffe mich mit meinen Freundinnen. Ich trage Hosen, Make-up und lackierte Nägel. Der Tschador oder die Burka, das lange Gewand, waren nie Pflicht bei uns. Ich war 17 Jahre und noch Schülerin, als ich heiratete – den Cousin meiner Mutter. Meine Mutter zeigte ihm ein Foto von mir. Dann hat mich meine Mutter gefragt. Wir kennen uns von klein auf. Ich wußte, er ist ein guter Mensch. Ich hätte auch Nein sagen können. Mit ihm ging ich als Botschaftergattin in die Türkei, nach Wien, und seit drei Jahren bin ich in Berlin. In der Beziehung zu meinem Mann gilt: Freiheit bedeutet, freiwillig zu erkennen, wo die Grenzen sind. Ich kann mich in Berlin noch nicht so recht wohl fühlen, bevor Frieden in meinem Land einkehrt. Keinen Frieden im Land heißt, keinen Frieden in mir selbst, und außerdem macht es mich traurig, wie wenig die Menschen hier über ein Land etwas wissen. Wir erleben seit 22 Jahren Krieg. Blumenmeere und Schweigeminuten hat es weltweit für Amerika gegeben: Wir aber haben in den vergangenen Jahren Millionen Menschen verloren. Man müßte monatelang schweigen für Afghanistan. Ich vermisse unser Licht und die klare Gebirgsluft. Afghanistan ist ein Land der Farben, ein Land der Musik, des Tanzes und der Gastfreundschaft. »Wenn ein Gast kommt, kommt ein Freund Gottes«, sagt man bei uns.

Anisa Jahon

Ehefrau des Vertreters der afghanischen Nordallianz in Berlin, drei Söhne; in: Welt am Sonntag, 14. Oktober 2001, Nr. 41, in einem Interview mit der Chefreporterin D. von Taube.

Mehr Erfolg?

Viele bemerken sehr spät, daß sie leere Siege errungen haben. Sie erreichten ihre Erfolge auf Kosten von Dingen, von denen sie zu spät bemerkten, daß sie ihnen sehr wichtig waren. So opferten sie in der ersten Hälfte ihrer Karriere ihre Gesundheit, um einen Haufen Geld zu verdienen, in der zweiten Hälfte ihrer Karriere dann den ganzen Haufen Geld, um ihre Gesundheit zurückzuverdienen. Für den Erfolg opferten sie das, was man durch keinen Erfolg bezahlen kann. Sie nahmen in Kauf, daß ihre Familie zerrüttet ist, daß sie schlecht schlafen können, daß sie übermüdet sind, daß sie ihre Wertebasis, die ihnen Selbstwertgefühl gegeben hat, angeknackst haben, daß sie Freude eingebüßt haben, daß Sie ihr Wohlgefühl verloren haben. Auf dem Arbeitsmarkt gibt es heute viele unglückliche Menschen: alle diejenigen, die keine Arbeit mehr haben, und alle diejenigen, die permanent Angst haben, ihre Arbeit zu verlieren.

Andrew J. Oswald, einer der führenden Köpfe einer Generation von Ökonomen, denen der Umgang mit den Fakten wichtiger ist als die rein mathematische Weiterentwicklung von Theorien, beklagt, wie wenig sich die Ökonomen dafür interessieren, wieviel *Happiness* sich eine Volkswirtschaft mit der Verbesserung ihrer ökonomischen Effizienz einkauft. Diese Frage ist eine wesentliche Frage, die mit mehr Nachdruck gestellt werden sollte. Das Maß an Glück, das ein höheres Bruttosozialprodukt bringt, ist so klein, daß man es kaum messen kann, vor allem in Ländern, die schon ziemlich reich sind. Viele gehen irrtümlich von der Annahme aus, daß mehr Geld mehr Glück bedeute. Die Praxis hat oft das Gegenteil bewiesen. Menschen wissen, daß das persönliche Glück auf der Grundlage einer rein auf dem Bruttosozialprodukt fixierten Wirtschaft fraglicher ist denn je. Es gibt z.B. eine Vielzahl von Studien über Arbeitslose. Arbeitslose bleiben auch dann sehr unglücklich, wenn sie finanziell voll entschädigt werden. Man müßte ihnen ungefähr das Achtfache zahlen, um den gleichen Stand an Happiness zu erreichen, den sie mit der Arbeit fänden.

Die Kardinalfrage sollte deswegen vielmehr lauten: Was erhöht unser Glück, was erhöht das Gefühl für den Sinn unseres Daseins? Die normale Ökonomie geht stillschweigend davon aus, daß »mehr Geld gleich mehr Glück« ist.

Müssen wir nicht unterscheiden zwischen *Wohlfühlglück und Werteglück*? Im Gegensatz zum flüchtigen Zufallsglück verleiht das wertevermittelnde Glück dem Leben Sinn. Nur diejenigen erfahren ein überdauerndes tiefes und erfüllendes Glück, die ihre wahren Motive und Lebensgründe kennen und sich von ihnen durchs Leben tragen lassen.

Woran kann man wirklichen Erfolg messen? Daran, was Menschen in ihrem Leben letztlich Frieden und Wohlgefühl finden läßt! Erfolg ist Erfüllung. Erfüllung ist die Meßlatte. Ein erfolgreiches Leben ohne Erfüllung ist kein erfolgreiches Leben. Viele sogenannte erfolgreiche Leute sind unerfüllte Menschen.

Die glücklichsten Menschen, die ich gesehen habe, waren Menschen, deren Leben einen Sinn ausstrahlte, auch wenn sie zum Teil sogar behindert waren oder ein Schicksal tragen mußten. Es waren Menschen, die irgendeine Aufgabe für *andere* hatten, die über ihre *eigene* Selbstverwirklichung hinausging. Diese Menschen haben gewissermaßen als Beigabe Glück empfunden. Menschen, die nur das Ziel des eigenen Glücks haben, bleiben oft enttäuscht. Glück ist immer nur Begleitgabe, Zusatzgeschenk, Folge eines Lebens für andere.

Leisten müssen, um geliebt zu werden?

Wenn wir die Zuneigung eines anderen von unseren ansprechenden Eigenschaften und Reizen abhängig wissen, kommen uns Zweifel, ob diese Zuneigung wirklich uns gilt oder nur bestimmten Aspekten unserer Persönlichkeit. Erfahren wir nur infolge unseres positiven Verhaltens und unserer Leistung Anerkennung, dann ahnen wir, daß die Zuneigung nur so lange anhalten wird, wie wir erfolgreich bleiben und der Erwartungshaltung entsprechen. Was aber, wenn wir nicht stark, sondern hilflos, nicht attraktiv, sondern unscheinbar, nicht überdurchschnittlich, sondern nur mittelmäßig sind? Wir gewinnen unseren Lebensmut, unsere Sicherheit und unser Glück aus Beziehungen, in denen wir uns als die Person, die wir sind, angenommen wissen, d.h. bedingungslos und umfassend. Wenn wir erfahren, daß wir nicht erst durch unser Verhalten etwas erkaufen müssen, sondern für die Bezugsperson an sich wertvoll sind. Dann werden wir frei davon, uns nur von unseren Leistungen her zu verstehen und uns von unseren Erfolgen abhängig zu machen.

Nach dem Gesetz der Leistungsgesellschaft werden wir natürlich danach beurteilt, wie nützlich wir für sie sind. Sie taxiert uns wie eine Ware auf dem Markt nach dem Gebrauchswert. Wir werden sortiert und aussortiert. Je nach Beurteilung landen wir in einem anderen Schultypus. Und nach der Schule werden wir weiter beurteilt. Die Intelligenztests, Eignungstests, Fragebögen und Personalakten sind Symbole unserer Zeit. Immer wieder, unser ganzes Leben lang, werden wir so zu einer Art Stellenbewerber, der Platz zu nehmen hat, damit seine Verwendungsmöglichkeiten geprüft werden – von Personalchefs, Managern, Bildungsexperten und Psychologen. Den prüfenden Blick haben sie alle gemein. Und dann werden wir Schubladen zugeordnet wie etwa »geeignet« oder »nicht geeignet«, »qualifiziert«, »unterqualifiziert«, »überqualifiziert« oder »nicht qualifiziert«, »können wir gebrauchen » oder »können wir nicht gebrauchen«, »ist für uns wertvoll« oder »ist für uns wertlos«.

Sind wir nicht mehr nützlich, dann sind wir nicht mehr »sinnvoll« und werden in irgendeiner Form degradiert – beruflich, gesellschaftlich und persönlich. In unserer immer stärker zweckrationalisierten Gesellschaft wird dieser Trend weiter zunehmen. Der Mensch wird ein Mittel zum Zweck, zum Menschenmaterial, zum Werkzeug, zum »human tool«. Wichtig ist unsere Verwendbarkeit, unsere Leistungsfähigkeit, unsere Kompatibilität und die Frage, ob man uns gegebenenfalls noch »up-daten« kann. Wer keine Leistungen vorweisen kann, ist wertlos, wer keinen Nutzen bringt, ist entbehrlich. Infolge dieser Beurteilung, der wir ausgesetzt sind, beginnt zwischen uns Menschen ein Kampf um die begehrten Positionen und Plätze. Dieser Konkurrenzkampf isoliert uns voneinander und macht uns zu potentiellen Feinden.

Die Identität, die wir uns selber schaffen, orientiert sich an sichtbaren und äußerlichen Kriterien. Wir stylen unsere Identität. Wir haben das Bedürfnis, in unseren Augen und in den Augen der anderen etwas Besseres zu sein: intelligenter, interessanter, erfolgreicher, tugendhafter, wohlhabender und auf alle Fälle leistungsfähiger und somit wertvoller als die anderen. Wir sind stolz auf unsere Referenzen, unsere Visitenkarte und unser goldenes Namensschild an der Tür. Wir wollen stolz sein und kämpfen für eigene Leistungen, aber wir wollen uns nicht in geschenkter Liebe geborgen fühlen. Die Folge davon ist, daß wir unseren Eigenwert von der Wertschätzung der anderen Menschen ableiten. Aus der Reaktion anderer Menschen schließen wir auf unseren eigenen Wert. Wenn die Wertschätzung der anderen aber plötzlich nicht mehr da ist, weil wir für sie nicht mehr wertvoll sind, stehen wir vor dem Nichts.

Unsere Identität in der Leistungsgesellschaft ist immer eine erarbeitete Identität. Die Identität aber, die wir im Innersten suchen und die wir zutiefst brauchen, um langfristig in dieser Leistungsgesellschaft als integre Persönlichkeit zu bestehen, ist eine geschenkte Identität. Eine Identität, die nicht wegen unseres Tuns da ist, sondern wegen unseres Seins.

Die Frage, was ich auf dieser Erde für eine Aufgabe habe, treibt mich auch seit Jahren um. Ob ich das je wissen werde? Vielleicht darf ich ja auch einfach mal sein, so sein? Muß ich denn immer etwas tun? Kann ich denn nicht einmal zuschauen, was geschieht?

In der Kindheit bin ich als unfähig, ungehorsam, unwichtig, gefühlsduselig, einfach als nicht richtig abgestempelt worden.

Nur meine intellektuellen Leistungen fanden bedingt Anklang – ich sage bedingt, denn wenn ich gute Noten in Französisch hatte, kam sofort die Bemerkung: »Dafür bist du in Mathe eine Null!« Ich war nicht gut genug, um geliebt zu werden.

Die immer wieder neue Anpassung und Anstrengung, besser zu sein, um endlich geliebt zu werden, wurde zum Lebensprogramm und hat dazu geführt, keine eigene Meinung zu haben, so ziemlich alles zu erdulden, bis der totale Zusammenbruch kam.

Die Angst, nicht zu genügen, hatte mich komplett von mir selbst entfernt.

Erst wenn ich ganz zur Ruhe komme, kann ich das alles fühlen, mich wohl fühlen. Dann kann ich auch die tiefe Angst überwinden, die mich immer wieder überfällt. Diese Angst, die mich vom Vertrauen und von der Liebe trennt, und die ich nicht einfach betäuben darf.

Aus der Annahme meiner selbst – auch mit meiner Angst – entsteht dann ein mitfühlendes Verständnis für andere. Es ist viel Arbeit, sich selbst auf die Schliche zu kommen, viel leichter ist es, andere für das eigene Mißgeschick verantwortlich zu machen!

Mein Ziel ist es nun, vertrauensvoll in die Zukunft blicken zu können und das Lähmende der Vergangenheit hinter mir zu lassen, um im Hier und Jetzt leben zu können.

Wenn ich noch einmal leben könnte, würde ich mir wünschen, das Leben spielerischer, angstfreier, vertrauensvoller, fröhlicher und dankbarer genießen zu können.

Gisela de Kostine

Geboren 1935, Riehen/Rheinweiler; in einem Brief an den Autor vom 11. Juli 1999.

Wenn ein Mensch seinen Lebenssinn und seinen Selbstwert weitgehend im beruflichen Erfolg sah und seine Existenz in hohem Maße von der Arbeit her definierte, stürzt mit dem Verlust der Arbeit wirklich eine ganze Welt zusammen. Wir dürfen ihn darum betrauern, daß er sich so sehr angepaßt hat an den knallharten Mechanismus der Arbeitswelt, wo wir vor allem für unsere Erfolge und Leistungen, für unsere Stellung und unser Haben respektiert und belohnt werden.

Betrauern wir ihn darum, daß er sich vom sogenannten veränderten Arbeitsverhältnis so sehr hat bestimmen lassen, daß er daneben alle seine Beziehungen und Kontakte zu Menschen nicht mehr sehen konnte, die ihn so liebten, wie er war. Betrauern wir ihn darum, daß er sich so sehr abhängig gemacht hat vom göttlichen Schein des Arztkittels. Auf Hilfe anderer angewiesen zu sein, ist schwer und bedarf eines mühsamen, lebenslangen Lernprozesses. Und dies, obwohl wir immer wieder neu erfahren, daß uns das Wichtigste im Leben geschenkt wird, daß wir es nicht machen, nicht erzwingen, nicht mit Leistung erreichen können. Alles, was ich habe oder bin, habe ich irgendwie von anderen empfangen: die Sprache, die ich spreche, das Zimmer, in dem ich wohne, die Freiheit, die ich genieße, mein Denken und meinen Glauben. Wir sind abhängig. Woran ist X gestorben? Letztlich ist er wie viele Selbstmörder am Nichts gestorben, das heißt an der inneren Leere, am Gefühl, nichts und niemand zu sein ohne seine berufliche Stellung.

Zürcher Tagesanzeiger

»Letztlich am Nichts gestorben«: Kommentar zum Selbstmord eines bekannten Chefarztes in: Zürcher Tagesanzeiger vom 17. Mai 1995.

Ich fragte ein Vorstandsmitglied einer großen Bauunternehmung nach seinem höchsten Ziel. Er sagte: »Vorstandsvorsitzender.« Ich antwortete: »Ich kenne einige, die diese Position erreicht haben, die ganz oben an der Leiter angekommen sind. Da oben ist ein kleines Schild angebracht, welches aber nur diejenigen lesen können, die eben ganz oben angekommen sind.« Er fragte mich, ob ich ihm denn nicht verraten würde, was da oben stehe. Ich antwortete: »Auf diesem Schildchen steht: hier Ende der Leiter!« Eine Karriereleiter ist immer begrenzt. Einmal kommt immer das obere Ende.

Johannes Czwalina

In einer Zeitschrift werden zwei Todesanzeigen, die am gleichen Tag in der Basler Zeitung abgedruckt waren, kommentiert, weil die beiden unterschiedlichen Anzeigen ein und derselben Person galten.

Die erste Anzeige war von einem Angehörigen aufgegeben:
»Er fühlte sich den Anforderungen und dem Druck des modernen Wirtschaftslebens nicht mehr gewachsen und wählte als Ausweg den Tod.«

Die zweite Anzeige war vom Arbeitgeber aufgegeben:
»Wir geben den tragischen Hinschied unseres Mitarbeiters und Kadermitgliedes bekannt. Am 5. August ist er kurz vor seinem 51. Geburtstag für uns völlig überraschend aus dem Leben geschieden. Wir verlieren einen jederzeit aufgestellten sympathischen Mitarbeiter.«

Schweizer Illustrierte
Vom 17. August 1998.

Zum ersten gesagt, möchte ich nicht noch einmal so leben, wie ich es bisher getan hatte. Wenn ich noch einmal leben könnte oder müßte, so würde ich vieles anders machen, aber noch einmal so leben – nein.

Also, noch vor wenigen Jahren war ich total obdachlos und »knastentlassen«; auch aus der psychiatrischen Klinik. Niemand wollte mit mir zu tun haben.

Jeden Tag mußte ich eine Schlafstelle für mich finden. Das waren »Heustöcklis«, Büsche und Parkbänke, auch Baustellen. Im Sommer war es kein Problem, draußen zu nächtigen – aber im Winter. Bei Minustemperaturen schlief ich meistens in einem Heuschober, aber ohne Decke und Kopfkissen. Es war so kalt damals, daß ich alle zwei Stunden aufstehen mußte, um »wilde Tänze« aufzuführen, da mein ganzer Körper fror. Das »Spielchen« machte ich einige Jahre mit.

Ich habe heute eine Wohnung. In meinem Haus wohnen Drogenabhängige, Dealer und Prostituierte. Ich koche für einige und lade die ein, die verzweifelt sind.

Wenn Sie mich sehen würden, würden Sie mir vielleicht aus dem Weg gehen. Heute macht mir das nichts mehr aus. Ich weiß, daß ich all das Schwere nicht umsonst erlebte. Als ich eine eigene Wohnung bekam, wurde mir klar, daß Gott es war, der mich nicht hatte erfrieren lassen. Er wollte mir noch etwas zeigen auf dieser Welt. So spüre ich Wärme und seine Gegenwart in meinem Herz. Ich glaube an eine bessere Welt nach dem Tod. Ich kann hier nicht erzählen, weshalb ich glaube, daß mir Gott hier und heute und jeden Tag bis zum Tod etwas zeigen will.

Ich bin genau der und wohne genau dort, wo Manager sich höchstens in ihren Alpträumen schlafloser Nächte befinden, wovor sie die größte Angst haben, einmal dort zu landen. Ich kann ihnen sagen als einer, der da unten angekommen ist: Es ist gar nicht so schlimm. Sie sehen ja, ich bin glücklich. Aber glauben Sie mir, es geht schneller, als man denkt, daß man ganz unten ist, noch schneller, als man raufkommt. Aber wer unten ist, der stürzt nicht mehr runter. Glauben Sie mir, ich habe meinen Frieden gefunden.

Peter Tschudin

Geboren 1953, Basel; in einem Brief an den Autor vom 15. November 1998.

Mehr Arbeit?

Aristoteles kontrastierte schon damals zwei Lebensformen: Die Lebensform des *bios politikos* – des freien, um das gute Leben bemühten Menschen – gegenüber dem *bios chrematikos* – die menschliche Lebensform, die der zielpervertierten, zweckentfremdeten Erweiterung des Reichtums um des Reichtums willen nachgiert (vgl. Aristoteles: Politik, München 1986). Kein geringerer als Aristoteles wies also schon zu seiner Zeit auf die moralische Gefahr für den Menschen hin, die mit dem Geldverdienen um des Geldverdienens willen verbunden ist: Dieses Denken zerstöre die Existenz einer harmonischen Gemeinschaft.

Auch im biblischen Kontext steht der Leitsatz: »Das Wenige, was ein Gerechter verdient, ist mehr wert als das Viele, das ein Gottloser sich erhascht« (Psalm 37, 16). Ausbeutung und Wucher gelten als Auswüchse von Egoismus und Gier. Nur der Mensch, der Arbeit als Bestandteil und Segen in seinem Leben anerkennt und der, *wie* er arbeitet, höher bewertet, als *wieviel er verdient*, darf langfristig mit Wohlergehen rechnen. Arbeit kann nach diesem Verständnis pervertiert werden, z.B. durch Habsucht oder Arbeitswut. So wird vor Sorge, die zu rastloser Arbeit führt, genauso gewarnt wie vor Müßiggang und Gleichgültigkeit, die im Widerspruch zum Auftrag des Menschen stehen.

Niemand hatte vor hundert Jahren ahnen können, daß es sich einmal als Problem darstellen könnte, daß Menschen eher unter zu wenig Arbeit als unter zuviel Arbeit leiden würden, selbst dann, wenn ihre Existenzgrundlage trotz zu weniger Arbeit gesichert ist. Vor noch nicht allzu langer Zeit sind viele Menschen unter der äußerst schweren Arbeitslast fast zusammengebrochen und haben ihre Arbeit als Plage empfunden. 1825 betrug die Wochenarbeitszeit der deutschen Arbeitnehmer 82 Stunden, 1875 waren es immer noch 72 Stunden, 1900 betrug die Arbeitszeit 60 Stunden, die Gewerkschaften erreichten einen Zehn-Stunden-Tag, 1913 waren es 57 Stunden, 1918: 48 Stunden, 1932: 42 Stunden, 1941: 50 Stunden, 1950: 48 Stunden, 1956: 48 Stunden (Übergang zur Fünf-Tage-Woche), 1980: 40-Stunden-Woche, 1990: 38,5-Stunden (Utsch, Raimund: Das Kreuz mit der Arbeit, Moers 1995).

Arbeit als sinnstiftendes Fundament zu erkennen zur Wiedererlangung persönlicher Freiheit und Würde, die vielen Arbeitnehmern verlorengegangen ist, ist die Herausforderung, der man sich jetzt stellen muß. Daß dazu ein Umdenken und Abschiednehmen von eingefleischten Denkmustern nötig ist, versteht sich angesichts der gegenwärtigen Arbeitsmarktsituation von selbst. Daß dieser Prozeß mit Mühen verbunden ist, ist nicht zu vermeiden. Je eher man diesen Weg beschreitet, desto leichter wird es schlußendlich sein, ihn zu begehen. Je länger man wartet, desto schwieriger wird es. Wir haben nicht mehr alle Zeit der Welt, die immer größer werdende Spaltung zwischen den verzweifelt Überarbeiteten und den wegen Arbeitslosigkeit Verzweifelten zu überwinden.

In der Zukunft darf das Grundmuster nicht nur das eigene Überleben durch Wachstum beinhalten, sondern es muß um Qualitätssteigerung gehen, und zwar nicht nur im Sichtbaren, sondern in der allem zugrunde liegenden inneren Haltung zur Arbeit. Wenn die bezahlte Arbeit ausgeht, müssen Formen unbezahlter Arbeit als neue Sinnfindung entdeckt und entwickelt werden. Hier ist jeder einzelne gefordert, den Schwerpunkt einerseits in Bildung und Ausbildung anders zu setzen, andererseits in seinem Lebensbereich unbezahlte Arbeitsplätze zu schaffen. Vor allem sind auch die Politiker gefordert, Menschen nicht falsche Versprechungen zu machen.

Die Arbeit muß zu einem Gestaltungsprozeß werden, der Einzelinitiative, soziales Engagement, Kreativität, physische, psychische und intellektuelle Bildung integriert. Die Würde der Arbeit wurzelt also nicht ausschließlich in ihren objektiven, sondern vor allem auch in ihren subjektiven Dimensionen. Die Arbeit ist ein von Lohn und Anerkennung unabhängiges Gut, weil der Mensch sich durch sie auch selbst verwirklicht und mehr Mensch wird.

Arbeit soll als Erfüllung und Sinn für das eigene Leben verstanden werden. Berufliche Arbeit vermittelt ein soziales Geflecht, schafft Voraussetzungen für die Entwicklung der eigenen Persönlichkeit. Diese Auswirkung des Arbeitsverhältnisses ist von ebenso großer Bedeutung wie die der materiellen Ausbeute.

Die Voraussetzungen für eine lebensdienliche, langfristig ausgelegte Arbeitswelt liegen nicht primär in der ökonomischen Fragestellung, sondern in der Beantwortung der Grundsatzfrage: Wie wollen wir leben? Eingeschlossen in diese Frage ist die Frage nach dem Sinn des Arbeitens, die Frage nach Recht und Gerechtigkeit.

An dieser Stelle ein Wort über eine Form der Arbeit, die seit jeher eine unbezahlte Lebensaufgabe ist: die Arbeit der Hausfrauen und Mütter. Je mehr Männer lernen, ihre Arbeit – jenseits des monetären Aspektes – von ihrem Sinn (oder Unsinn) her zu verstehen, desto größer werden in der Regel auch Verständnis und Respekt gegenüber der Lebensaufgabe vieler Hausfrauen und Mütter.

Der Wert des Menschen ist höher als der Wert seines Nutzens

Über der Würde des Gewinns steht die Würde des Menschen. Wenn diese Würde durch unser wirtschaftliches Umfeld beeinträchtigt wird, muß jeder einzelne den Weg für sich selbst finden, um diese Würde wiederzuerlangen und neu zu definieren.

Die Lebensqualität der Arbeitenden muß einen höheren Wert und höhere Priorität haben als die Qualität des Produktes ihrer Arbeit. Wenn der Mensch nicht mehr zählt als sein Produkt, wird in gleichem Maße der Käufer, der das Produkt kaufen soll, degradiert, und auch sein Wert wird abnehmen. So wird man sich langfristig die eigene Basis entziehen.

Das Ernstnehmen der Aussage, daß der Wert des Menschen höher zu bewerten ist als der Wert seines Nutzens, bedeutet für den wirtschaftlichen Kontext, daß es nicht um Großkonzerne und Großindustrie gehen kann, denn diese leben nicht von der einzelnen Person, sondern brauchen die Masse als Potential. Die Entwicklung des 19. und 20. Jahrhunderts zeigt, daß der Mensch nicht nur durch den Staat, sondern auch durch private, wirtschaftliche Macht immer wieder unterdrückt und ausgeschaltet werden kann. Diese Entwicklung hat sich in den letzten Jahrzehnten verstärkt und mündet mehr und mehr in einen absoluten Materialismus.

Für den wirtschaftlichen Kontext wird es also nicht gleichgültig sein, ob der Mensch unter dem Prinzip der Personenwürde steht oder nicht. Das Vorzeichen der Personenwürde wird sowohl über das wirtschaftliche als auch das politische Wohl einer Gesellschaft entscheiden. Demokratie kann sich nur dort verwirklichen, wo sich die Menschen als Personen in der Verpflichtung gegenüber der Sache verbunden wissen, und nicht umgekehrt.

Frage:
Welches ist der Preis für ihren beruflichen Erfolg?

Staehelin:
»Daß für Empfindungen wenig Raum bleibt. Emotionen, Musisches kommen zu kurz, werden abgeschnitten.

Tieferes Versenken ist nicht möglich, die Tür ist verschlossen, wenn diese Art von Bedürfnissen sich meldet, drücke ich den Deckel zu. Vielleicht hole ich sie später einmal herauf.

Zuweilen spüre ich fast Angst, stärkere Hingabe ans Musische und Emotionale könnte für die übrige Tätigkeit gefährlich werden. Man könnte Motivation und Leistungskraft verlieren. Wenn ich an die Erlösungsgesänge in Bachs Passionen denke … Gegen diese Versuchung schiebe ich einen Riegel mit der rationalen Überlegung: Ewige Werte sind prima, aber wenn wir heute unser Feld nicht bestellen, gibt es nichts zu ernten, und das Schöne nützt auch nichts. In meinem jetzigen Lebensabschnitt ist die Ackerarbeit wichtiger ...«

Gaudenz Staehelin

Basel; in einem Interview von Elisabeth Michel-Adler, Redakteurin des »Zürcher Tagesanzeigers«, mit Gaudenz Staehelin, damals Mitglied der Konzernleitung Ciba und Präsident der Basler Handelskammer 1986; Männer im Glashaus, vgl. Michel-Alder, Elisabeth (1986), S. 190.

»Papa, es ist ja noch gar nicht dunkel, warum bist du denn schon zu Hause?«

Als mich mein Sohn nach der Arbeit so begrüßte, wußte ich es ganz sicher: Die Entscheidung, die ich getroffen hatte, war allein schon wegen dieser Aussage richtig gewesen. Es war bei mir wie bei jedem erfolgshungrigen Bankangestellten: So schnell wie möglich nach oben! Daneben bin ich allerdings auch ein Mensch, der etwas bewegen, Veränderungen herbeiführen will. Nach meiner Auffassung brauchte ich dazu Macht, zumindest aber eine Führungsposition. Erfreulicherweise stimmte auch gleich das Gehalt, und für die Zukunft wurden Aufstiegsmöglichkeiten in Aussicht gestellt.

Sämtliche Fortbildungschancen hab ich genutzt. Der Erfolg meiner Aktivitäten stellte sich bald in mehr Kunden, mehr Geschäft, mehr Anerkennung und mehr Gehalt heraus. Dieser Erfolg begründete zunehmend meine Motivation für den Job. So bemerkte ich anfangs nicht, daß sich mein privates Umfeld nach und nach veränderte: Abends die Kinder ins Bett bringen? »Ach Frau, kannst du das nicht machen, ich bin so kaputt!« »Was, heute abend willst du Besuch einladen? Endlich bin ich mal zu Hause, und ausgerechnet da lädst du Leute ein?« ...

Ich beschäftigte mich auch zu Hause und in der Freizeit gedanklich immer mehr mit Zinsen, Kursen, Krediten und steuerlichen Problemen meiner Kunden. Nach und nach manövrierte ich mich in ein Leben, das fast ausschließlich aus Arbeit bestand. Eines Tages wurde mir die Frage wichtig: Was wollte ich ursprünglich eigentlich erreichen? Ich fragte mich: Kann der Sinn darin bestehen, Reiche immer reicher zu machen und meine Zeit fast ausschließlich in der Bank zu verbringen? Ich wollte etwas verändern; sollte es wirklich nur die Geldbörse meiner Kunden sein? Es kam eine Zeit vieler Gespräche. Dann stellte meine Frau irgendwann die Frage in den Raum, ob ich nicht einfach weniger arbeiten könne. Können Sie sich meine Reaktion vorstellen? »Wie soll das denn gehen? Was soll ich meinen Kunden sagen?« ...

Einige Tage später gab es eine innerbetriebliche Stellenausschreibung: Irgendwie sprach mich diese Ausschreibung stark an. Das war sehr eigenartig, denn der Status dieser Stellung und auch die gehaltliche Dotierung lagen gleich um zwei Stufen niedriger. Dennoch faßte ich den Entschluß, mich um diese Stelle zu bewerben. Allerdings war ich mir nicht sicher, ob ich diese starke Veränderung tatsächlich akzeptieren könnte. Neben Status und Geld würde ich noch andere Privilegien verlieren. Da war zum Beispiel der liebgewordene Dienstparkplatz, der mir allmorgendlich mindestens fünf Minuten Suche und gelegentliche Mandate wegen Falschparkens ersparte. Ich hatte Führungsaufgaben, hohe Kompetenzen, Unterschriftsvollmacht. Konnte ich darauf verzichten? Ich glaubte »ja« und bewarb mich um die Stelle. Sie bedeutete eben auch den Wegfall von Überstunden und der in der letzten Zeit doch so belastenden ständigen Beschäftigung mit meinem Job. Bei allen bisherigen Bewerbungen (um höher qualifizierte Stellungen) hatte es jeweils nur ein Vorstellungsgespräch gegeben, und die Sache war geritzt. Auf das, was jetzt auf mich zukam, war ich nicht gefaßt

Umgehend nach meiner Bewerbung rief mich der zuständige Personalreferent an und bat um ein sofortiges Gespräch. Darin drückte er sein völliges Unverständnis für meine Entscheidung aus. Er habe mich jahrelang nur als aufstrebenden und engagierten Mitarbeiter kennengelernt – und jetzt das! Wenn ich nicht krank sei, sollte ich diese Bewerbung schnellstens zuruckziehen. Natürlich habe er Verständnis dafür, daß mir meine Familie und meine Lebensqualität wichtig seien – aber einen beruflichen Rückschritt sei das doch nicht wert!

Nachdem ich ihm ein paar Tage später mitgeteilt hatte, daß meine Bewerbung noch galt, erhielt ich die Einladung zu einem weiteren Gespräch. Hier traten erneut der Personalreferent, mein künftiger Chef und ein Vorstandsmitglied zusammen, um sich nochmals einen Eindruck über meine Beweggründe zu verschaffen. Ich erhielt die Stelle – allerdings unter dem Vorbehalt einer dreimonatigen Probezeit. Ich sollte die Möglichkeit erhalten, mich auch später noch anders zu entscheiden. Auch die meisten Kollegen konnten meinen Schritt nicht verstehen.

Seit etwa einem Jahr suche ich mir morgens um sieben einen Parkplatz und gehe in ein Büro, das ich mit drei Kollegen teile – vorher hatte ich ein Einzelzimmer. Die Arbeit ist interessant, aber sie beschäftigt mich täglich nur etwa sieben bis acht Stunden. Sie ist anspruchsvoll, aber macht keinen Streß. Ich habe einen sehr kollegialen und freundlichen Chef. Mit meinen Kollegen haben sich viele interessante Gespräche ergeben, was ich in den Jahren zuvor kaum mehr erlebt habe. Meine Familie sieht mich gewöhnlich ab 17.00 Uhr, und so bleibt genügend Zeit für ein ausgefülltes Familienleben. An Kunden und Bank denke ich ab dieser Uhrzeit nicht mehr. Es klingt vielleicht ein wenig schwärmerisch, aber ich habe durch den Arbeitswechsel eine ganz neue Lebensqualität gewonnen.

Das Gefühl, in einer beruflichen Situation allmählich auszubrennen oder sich in eine Richtung verrannt zu haben, die mehr Streß als Befriedigung bringt, sollte Auslöser für eine Kurskorrektur sein. Es geht darum, Wünsche und Ziele, die mit dem Beruf verbunden sind, neu abzustimmen.

Michael Freund

In: Zeitschrift Kontakt, 4/95, S. 9–12.

Mehr Macht?

Wenn wir die Geschichte zurückverfolgen und an die Mächtigen der Vergangenheit denken, so können wir diejenigen, die mit Macht richtig umgehen konnten, an den Fingern abzählen. Die Mächtigen dieser Erde haben sich stets bemüht, noch mehr Macht zu erlangen. Der Ausspruch: »Süchtig nach Macht« weiß um seinen Ursprung in der Realität. Die Destruktion der Macht entspringt aus dem Verlangen, mehr sein zu wollen.

Lebenslange Freundschaften können im selben Moment zu tödlichen Feindschaften werden, wenn ein Direktionsposten einer Firma neu zu besetzen ist. Viele erfahren täglich am eigenen Leibe, daß interne Konkurrenz ihren anspornenden Charakter verliert und zu bitterem Ernst wird. Klettern, stoßen, schieben – das ist die Sprache der Macht, die zerstört.

Neben Geld und Erfolg übt Macht die größte Faszination aus. Eine alte Lebensweisheit sagt: »Nichts entlarvt einen Menschen so schnell wie der Gebrauch der Macht.« Wir alle sind im Kleinen oder Großen Träger von Macht.

Im Umgang mit Macht spielt also der Charakter eine entscheidende Rolle. Er erweist sich als das Instrument, welches die Macht steuert, und zwar die Macht, die zerstört, wie auch die Macht, die aufbaut.

Wenn Machtausübung eine Frage des Charakters ist, dann läßt sich daraus ableiten, daß Autorität eine wichtige Schlüsselkompetenz ist. Denn häufig geht Machtausübung mit dem Verlust von Autorität einher. Wer die ihm zur Verfügung stehenden Machtinstrumente *nicht* einsetzt, verfügt in der Regel bei seinem Umfeld über um so mehr Ansehen und damit Autorität. Wer Autorität besitzt, hat bessere Voraussetzungen für den rechten Umgang mit Macht als derjenige, der keine Autorität besitzt.

Das Wort Autorität stammt vom lateinischen *auctoritas*,

was soviel wie »Urheber« bedeutet und z.B. auch dem deutschen Wort »Autor« als Sprachwurzel dient. Der autoritäre Charakter nutzt lediglich die Spielregeln der Macht zu seinem eigenen Vorteil; der autoritative Charakter ist und lebt werteorientiert und kann dadurch zum Urheber von Orientierung auch für andere werden. Gerade in einer so dynamischen und komplexen Zeit wie der heutigen brauchen wir im Privat- wie im Berufsleben wieder die Pflege und Anerkennung von Autorität in ihrem positiven Wortsinn.

Machthaber, insbesondere wenn sie herrisch und grausam regiert haben, verlieren nach ihrem Tode oder schon bei Verlust ihres Amtes sofort ihren Ruhm, und an Nachruhm ist nur unter negativen Vorzeichen zu denken. Ganz anders verhält es sich aber mit Autorität. Sie stellt einen Wert unabhängig von der jeweiligen Person dar und wächst oftmals sogar noch nach ihrem Tode. Wir haben also die Möglichkeit, durch das Ein- und Ausüben von Autorität den nachwachsenden Generationen ein Erbe weiterzugeben, einen Nachlaß immaterieller Werte. Wenn wir unsere materielle Nachfolge regeln, sollten wir uns auch klar darüber werden, welche immateriellen Werte wir unseren Kindern und Nachfolgern hinterlassen wollen; denn unseren Nachruf werden wir nicht selbst schreiben.

Es wird oft von Machtmißbrauch gesprochen. Dabei vergißt man, daß Macht etwas ist, was zur Verwirklichung des Guten gebraucht werden soll. Was ist Macht zum Guten? Wir wissen alle, daß es nicht genügt, bloß zu erkennen, was für ein Kind, für die Gemeinschaft, für das Allgemeinwohl etc. gut wäre. Die berechtigten und förderlichen Anliegen müssen auch umgesetzt und verwirklicht werden und zum Durchbruch gegen eingerostete Gewohnheiten oder egoistische Einzelinteressen kommen. Es genügt auch nicht, einzusehen, was für die Familie und das Kind schädlich ist, was das Vertrauen untergräbt und die Zukunft verbaut, was die Atmosphäre vergiftet. Man muß sich gegen das Zerstörerische wehren, das Schlechte am Aufkommen hindern oder doch wenigstens so weit wie möglich eindämmen. Werte, die keine Macht haben, können sich nicht durchsetzen, und Macht, die nicht auf dem Grund von Werten funktioniert, ist zerstörerisch. Wir haben die Verpflichtung, im eigenen Land dafür zu sorgen, daß unsere Werte weiter Gültigkeit behalten, und wir müssen nach Maßgabe unserer Kraft alle Mächte in dieser Welt unterstützen, die im Dienst dieser Werte stehen.

Macht im guten Sinne kann sogar Verzicht auf Machtausübung sein. Jeder Akt von Begnadigung, Amnestie und Vergebung spiegelt diesen Verzicht auf eigentlich gerechtfertigte Strafe beziehungsweise Rache wider. Erst hier zeigt sich, ob wir Souveränität über unsere Macht besitzen, wenn wir auch die innere Freiheit besitzen, darauf zu verzichten.

Macht kann auch in die Freiheit führen, wo Stärke die Schwäche nicht übersieht, wo Ordnung nicht Selbstzweck ist, sondern einen sicheren Lebensraum bietet, wo Verantwortungsbewußtsein der Willkür die Stirn bietet, wo der Zweck nicht alle Mittel heiligt, wo Ohnmacht einen Platz hat, wo »oben« und »unten« gemeinsamen Entscheidungen weicht, wo die Würde des Menschen nicht mit Füßen getreten wird.

In Interviews, Gesprächen und Briefen beklagen oft Führungskräfte in der Rückschau auf ihr Leben, daß sie sich nicht konsequenter für das Konstruktive eingesetzt haben, oder sie heben diese Momente positiv hervor, wo sie die Kraft hatten, die Stimme ihres Gewissens über die Stimme der Volksmeinung um sie herum gesetzt zu haben.

Autorität durch Dienen

Am 13. August 1809 sagte Goethe in Frankfurt: »Das jetzige Unglück der Welt rührt doch meist davon her, daß sich alles zu Herren gebildet hat. Der Adel ist von jeher dienstpflichtig und der erste Staatsdiener.« Am Ende der Weimarer Republik hatte man sich endgültig vom Prinzip des Dienens verabschiedet. Die zwanziger Jahre haben uns das Resultat beschert. Die Beseitigung dieses Staates, die vielleicht weniger seiner faktischen Existenz als vielmehr seiner ideellen Kraft galt, führte uns in eine dunkle Zeit. Das »Prinzip Herrschaft«, das das Ende der Weimarer Republik mit eingeleitet hatte, strebt heute noch – wenn auch in gewandelter Form – in der Wirtschaft nach Vorherrschaft.

Im Geschäftsleben konkurrieren heute mehr denn je zwei sich widerstrebende Gesinnungen: »Herrschen durch Belastbarkeit« gegen »Führen durch Dienen«. Welche Gesinnung wird gewinnen? Menschen, die nicht in die eigene Tasche wirtschaften, genießen im allgemeinen Autorität und werden gerne um Rat gefragt. Je stärker sie das Dienen verinnerlicht haben, desto eindrücklicher ist ihre Autorität gewachsen. Auch und gerade außerhalb des Geschäftslebens finden wir in der Geschichte zahlreiche Beispiele für den Zusammenhang zwischen Führen und Dienen: Wer ist nicht von der Selbstlosigkeit eines Franz von Assisi, der Aufopferung eines Mahatma Gandhi oder der Selbsthingabe einer Mutter Teresa beeindruckt? Diese und viele andere Menschen wurden durch ihre dienende Haltung zu Führern ganzer Generationen. Warum sollte dieser Umstand nicht auch für uns gelten? (vgl. Blanchard, Kenneth/Hybels, Bill/Hodges, Phil: Das Jesus-Prinzip. Führen mit biblischer Weisheit, Asslar 2000).

1979 hielt Hans L. Merkle, der frühere Bosch-Vorstand, in Frankfurt einen vielbeachteten Vortrag zum Thema »Dienen und Führen« und stellte dabei fest, daß Dienen und Führen keine Gegensätze sind, sondern daß Führungseignung aus der Bereitschaft zum Dienen hervorgeht. Führen ist also eine besondere Kategorie des Dienens. Ob man Dienen als Last oder Tugend betrachtet, hängt von der Einstellung des Betrachters ab. Die wahre Fähigkeit zu führen besteht darin, dienen zu lernen. Der Wille zum Dienen darf nicht als Last, sondern sollte wieder als innere Haltung und als Bereitschaft zur Verantwortungsübernahme empfunden werden, zu der man sich entschließt (vgl. Goeudevert, Daniel: Die Herausforderung der Zukunft, München 1990, S. 26).

Mein Leben wurde durch die weltpolitischen Ereignisse geformt, in denen ich von Anfang an gefordert war. Das bedeutete Kampf gegen den Totalitarismus, Kampf für die Rechte des Individuums und der Minderheiten, Einsatz für die Verwirklichung christlicher Prinzipien in unserem öffentlichen und gemeinschaftlichen Leben. Diese Ziele sind noch nicht erreicht. Ich habe die Zuversicht, daß es andere gibt, die diesen Kampf fortsetzen werden, wenn ich nicht mehr auf dieser Erde bin.

Otto von Habsburg/Österreich

Kaiserliche und Königliche Hoheit, Dr. sc. pol. et soc., geboren 1912, Mitglied des Europäischen Parlaments, Pöcking bei Starnberg, Oberbayern; in einem Brief an den Autor vom 27. November 1998.

Uns ist, woher immer, aufgetragen, mit unseren Kräften und Talenten das Gute, Wahre und Schöne zu suchen und, wie Goethe sagt, resolut zu leisten und zwar ebenso sehr für uns selbst als auch für die Nächsten und die Allgemeinheit schlechthin.

Ich würde mich allerdings konsequenter und zielstrebiger, als ich es getan habe, nach diesen Vorstellungen ausrichten. Letztlich ginge es wieder um Politik, da sie in besonderem Maße dazu berufen ist, in der Welt etwas zu bewirken, um die Dinge zum Besseren zu wenden.

Prof. Dr. Leo Schürmann

Anwalt und Notar, Olten, geboren 1917; in einem Brief an den Autor vom 1. Februar 1999.

Mir ist in den letzten Wochen klargeworden, was mir selbst das Wichtigste ist: Freiheit!

Die Frage wird sein: Wollen wir Freiheit und Demokratie, und werden wir bereit sein, für Freiheit zu kämpfen, uns zu wehren, Opfer zu bringen, ja zu sterben?

Mein Gefühl ist, daß nicht alle die Dramatik, die Herausforderung, die Gefahr, aber auch die Chance begriffen haben, und daß

Deutschland mitten drin sein wird, ob es das will oder nicht. Mir fehlt die Besinnung auf entscheidende Werte der Zukunft.

Michel Friedman

Fernsehmoderator, Rechtsanwalt, stellvertretender Vorsitzender des Zentralrats der Juden; in: Max, Nr. 21 vom 4. Oktober 2001, S. 32, in einem Gespräch mit Ulrike Posche.

Mehr an Lebensjahren?
Die Erfahrung der Vergänglichkeit

Zum Deprimiertesten im Leben gehört es, Menschen zu begegnen, die keine Hoffnung mehr haben.

Kinder haben Hoffnung: Wenn ich in die Schule komme, dann ...
Wenn ich meinen Schulabschluß habe, dann ...
Wenn ich meine Lehre oder mein Studium abgeschlossen habe, dann ...
Wenn ich einmal im Beruf stehe und mein eigenes Geld verdiene, dann ...
Wenn ich einmal verheiratet bin und Familie habe, dann ...
Wenn ich einmal Verantwortung habe, dann ...
Wenn ich mir etwas leisten kann, dann ...

Je älter die Menschen werden, desto mehr vergeht ihnen die Hoffnung und desto mehr sieht man ihnen die Resignation in ihren Augen an. Wir begegnen auch Menschen, die keine Hoffnung mehr haben. Sie hatten alle ihre Hoffnung beispielsweise auf die Erfüllung in der Arbeit gesetzt, und diese haben sie nicht mehr. Sie sehen nichts mehr vor sich. Sie leben von Erinnerungen und bitteren Erfahrungen, von kurzfristigen Zielen, ohne eine Langzeitperspektive. Je mehr ihnen ein übergeordnetes Ziel fehlt, desto sektiererischer gehen sie ihre Teilziele an, diese könnten ja die letzten sein. Früher haben sie immer in der Zukunft gelebt, jetzt haben sie nur noch die Gegenwart, die sie nicht ertragen können.

Die Kurzfristigkeit des Wirtschaftens gerät in Konflikt mit dem menschlichen Charakter, dessen Sehnsüchte auf Langfristigkeit und Verläßlichkeit angelegt sind. Die Schnelligkeit des menschlichen Verfallsdatums tritt heute wesentlich spürbarer nach außen.

Wir leben unter dem Gesetz einer ablaufenden Zeituhr. Vergänglichkeit als Wesensmerkmal des Menschseins führt zur Einsicht: »Die Zeit vergeht, ich kann nichts festhalten.« Das Vorübergehen der Zeit wird oft als sehr schmerzhaft erfahren. Insbesondere das Älterwerden stellt für einige Menschen ein riesiges Problem dar. Oft denken sie mehrmals am Tage darüber nach und haben in ihrer oberflächlichen Umgebung niemanden, mit dem sie über ihre innere Not sprechen können.

Jemand sagte: »Älter zu werden ist kein Job für Feiglinge.« Sie leiden unter der Wahrnehmung, daß die Zeit knapp wird, und spüren, daß nicht die von ihnen angehäuften Besitzstände, sondern ihre noch verbleibende Lebenszeit zum kostbarsten Rohstoff wird. Das unaufhaltsame Fortschreiten der Verknappung ihrer Zeit beunruhigt sie und versetzt sie nicht selten in Panik.

Eine ältere Frau beschrieb ihre Situation so: »Alles schmerzt, und was nicht schmerzt, funktioniert nicht. Ich fühle mich wie am Abend vorher und bin nirgendwo gewesen. Ein tropfender Wasserhahn verursacht einen unkontrollierbaren Druck in der Blase. Ich brauche Brillen, um meine Brillen zu finden. Ich sitze in einem Schaukelstuhl und bringe ihn nicht zum Schaukeln. Mein Rücken krümmt sich auch ohne Last. Mein Haus wird leer, mein Arzneischrank immer voller. Ich kenne alle Antworten, doch niemand stellt mir dazu die Fragen.«

Das Bewußtsein der Spannung zwischen ablaufender Zeit und dem Bedürfnis nach bleibenden Werten und Geborgenheit läßt Unruhe aufkommen und ist normalerweise *der* Auslöser für unsere Fragen nach dem Sinn. So fragte mich bereits mein damals neunjähriger Sohn auf einem Spaziergang: »Papa, warum werden wir denn überhaupt erst geboren, wenn wir doch wieder sterben müssen?«

Spätestens im mittleren Alter erkennen wir plötzlich, daß die noch vor uns liegende Zeit kürzer ist als die bereits gelebte Zeit. Uns wird die Begrenztheit bewußt: Die Begrenztheit unserer physischen Kräfte, die Begrenztheit unserer Beziehungen, wenn wir realisieren, daß unsere Eltern alt geworden sind und sterben, die Begrenztheit unserer beruflichen

Optionen. Wer aber nur so gepolt ist: »Ich bin nur etwas, wenn es immer weiter und immer höher geht«, der kommt unweigerlich in die Enge, weil seine Weltvorstellung immer weniger mit seiner physischen Wirklichkeit übereinstimmt, je älter er wird.

Die in diesem Alter häufig auftauchenden Depressionen sind nur eine natürliche Folge und ein natürliches Signal, wenn die Seele überfordert ist mit dem, was das verkürzte Weltbild ihr zu denken vorschreibt – Depression als seelische Sabotage.

Mit der Mitte unseres Lebens steht die Frage im Vordergrund: Wie kann ich das (wenige) Leben, das noch vor mir steht, gegenüber dem mehr Leben, das schon hinter mir liegt, so leben, daß es trotzdem Sinn gibt?

Doch anstatt die nun verbleibende Zeit sinnvoll zu gestalten, indem man sich auch ab und zu ein paar Augenblicke der Selbstreflexion und Kontemplation gönnt, erleben wir in der Realität, daß die Zeit immer knapper und der Geschäftsalltag immer hektischer wird. Wenn man sich der inneren Mahnung zur Selbstreflexion in den guten Jahren nicht stellt, holt einen diese Frage irgendwann ein. Je früher wir uns die Frage stellen: »Was muß ich noch tun, bevor ich sterbe?«, desto mehr Sinn werden wir für unser verbleibendes Leben finden. Die Krise gegen Ende unseres Lebens hat noch ein etwas anderes Gesicht als die Identitätskrise in jüngeren Jahren. Wir könnten sie mit den Worten beschreiben: »Ich bin, was von mir bleibt.«

Müde bin ich, aufgeregt Viel zu faul für meinen Fleiß Viel zu jung um alt zu sein Viel zu alt, so furchtbar alt Altsein kommt mir schädlich vor Schwere Krankheit, nicht zu heilen Schnee und Glatteis sperren mich in mein Haus ein, hin und her Auf und ab mit kleinen Schritten Aufgeregt und furchtbar müde Nein, ich kann mich nicht erinnern Ja, ich sollte etwas suchen Ein Zitat, etwas zum lesen Ihr habt recht, ich muß mehr trinken Ihr habt recht, ich muß mehr sprechen Ganz egal mit wem, mit keinem

Nein, ich kann mich schlecht besinnen Nicht still sitzen, kaum bewegen Komisch, falsch, verkehrt, verrechnet Bei den Zahlen, die mein Alter Dieses schreckliche alte Alter zählen Schafe zählen, guter Ratschlag Gegen Aufgeregtheit, Denken In der Nacht, ich bin zu müde Ihr habt recht, ich muß mehr üben Kopf- und Beingymnastik, singen Wäre für die Stimme wichtig Kleine Monologe halten Hört ja keiner, nicht so schüchtern Recht habt ihr, ich bin so schüchtern Rollen kann ich keine spielen Wenn ich lächeln will dann leider Sieht die Apothekerin schnell weg Alle hoffen, daß ich fromm bin Ihr habt recht, ich muß nicht reisen Aufgeregt, recht habt ihr, bin ich ohne Grund, alles ein Irrtum Etwas, das ich unaufhörlich Vor mir hin weiß und vergesse Das ich spüre, nicht erkenne Nicht behalten kann, doch fühle Etwas stimmt nicht mit dem Altsein Etwas wird nicht lang mehr gut gehen Dann bin ich es, die hier recht hat Grund zur Aufregung, und müde bin ich Geh zur Ruh – doch ohne Ruhe – Hier nicht frühe – schwer zu glauben Einer nachts Du lieber Vater lieber Gott, ich bin nervös Stur und schlaflos, aber müde Weiß nicht mehr wie Beten ging Als ich alt zu sein anfing Als ich so verkehrt gezählt so alt zu sein anfing Als ich alt, entsetzlich alt zu sein anfing.

Gabriele Wohmann

In: F.A.Z., Nr. 136 vom 15. Juni 2001, S. 41, Feuilleton.

Ich bin jetzt 64 Jahre alt. Da meldet sich immer mehr die andere Stimme, die direkt aus dem Herzen kommt, die sich nicht mehr mit einem Gläschen hier und einem Pillchen dort zum Schweigen bringen läßt.

In meinem Alter hat man nur ein Problem: die Angst, selber ein Pflegefall, abhängig zu werden. Von was soll ich denn jetzt noch träumen? Ich habe ein schönes Leben hinter mir, ein interessantes, aufregendes vor allem. Trotzdem plagt mich die Frage: Was habe ich mit meinem Leben gemacht, was habe ich geleistet? Aber man darf sich nicht zuviel mit sich selber beschäftigen. Das steht vor dem eigenen Glück. Aber was ist Glück? Ich wünsche mir nichts sehnlicher als eine neue Herausforderung.

Dieses Jahr habe ich mir etwas besonderes vorgenommen: Ich schreibe mir selber zu Weihnachten ein Buch. Nur für mich allein.

Hermann Weber

Redakteur/Moderator SR DRS + SF DRS, 1960–1995, geboren 1935, Schweizer TV-Idol (Mäni National), in einem Brief an den Autor vom 6. Januar 1999.

Schmerzvolles?

Weniger Leiden?

Frage:
Beschäftigt Dich die Frage, warum Dich der Schlag getroffen hat?

Remmers:
Ja, ich bin den Ursachen nachgegangen. Dahinter liegt das eigene Leben und wie ich damit umgegangen bin. Das ist der Stoff, über den ich nachdenke und frage, was hätte ich anders machen können. Ich hatte vielfach empfunden: Du willst so nicht mehr leben. Mir war bewußt, daß ich physisch und natürlich auch psychisch unter extremem Druck stand. Ich habe mich bisweilen fast beschworen: Hör auf, so zu leben. Du kannst und willst die Last und den Druck nicht mehr tragen, dem du in deiner Arbeit täglich ausgesetzt bist. Sobald es mir zwischendurch besser ging, habe ich in der Zeit der Leichtigkeit und Drucklosigkeit dann wieder verdrängt, daß ich in der anderen Zeit immer gegen meinen Körper arbeitete. Wenn ich im Blick auf meine jetzige Behinderung – ich bin jetzt wirklich behindert – mein Leben Revue passieren lasse, frage ich natürlich auch: Hättest du nicht etwas ganz anderes tun können, als in die Politik zu gehen? Natürlich, aber ich würde mich heute wahrscheinlich wieder genauso entscheiden.

Wenn ich daran zurückdenke, an dieses politische »Mitmachen«, ohne es vielfach wirklich zu wollen, dann stimmt mich das nicht gerade fröhlich, und manchmal erschreckt es mich auch. Daß ich mit der Folge des Schlaganfalls fast konsequent gegen meinen Körper gelebt und gearbeitet habe, hängt natürlich auch mit der Eitelkeit zusammen. Vielleicht auch mit einer gewissen Unfahigkeit, sich bescheiden zu können. Aber das ist eine sehr ambivalente Einschätzung, denn in dieser Welt soll man auch versuchen, zu wirken und mitzugestalten, und das ist immer eine Gratwanderung zwischen dienen und »etwas sein wollen«.

Frage:
Hat sich durch Deinen Schlaganfall Dein Verhältnis zu Dir selbst und zu Gott verändert?

Remmers:
Wir wissen, daß das menschliche Leben ein kontinuierliches Zugehen auf den Tod ist. Dieses Wissen gründet aber im letzten auf Hörensagen. Wir wissen es immer nur von und über andere. Wenn du so einen »verpaßt kriegst«, dich gänzlich unvorbereitet der Schlag trifft, dann ist dies eine tiefe, persönliche und radikale Erfahrung der eigenen Endlichkeit. Jetzt hast du wirklich über die Kante geschaut. Während wir uns im sogenannten Normalfall eigentlich nur millimeterweise an den Tod heranschieben, ist der Schlaganfall ein Riesensprung zum Tode hin. Natürlich ändert das dein Verhältnis zu Gott, zum Leben und zum Tod. Heute bin ich stiller in diesen Dingen und berufe mich nicht so sehr auf das, was ich gelesen und im Gespräch erfahren habe, vielmehr ist mein Verhältnis zu Gott unmittelbarer und persönlicher geworden, entlastet von all den theologischen Sentenzen und feinsinnigen Betrachtungen. Wenn du dich einmal so nackt und bloß empfindest, wird die Substanz deines Glaubens allen dialektischen und intellektuellen Geklingels entkleidet.

Frage:
In jeder Sekunde sagen unzählige Menschen: Ich will nicht mehr, ich kann nicht mehr, ich muß mich diesem Druck entziehen, und so geht es nicht mehr weiter. Ich kann diese Verkrümmung mit mir selbst nicht mehr ertragen. Kannst Du denen etwas sagen?

Remmers:
Ich würde denen natürlich heute etwas anderes sagen, als ich es ihnen zur Zeit meiner aktiven Tätigkeit in Niedersachsen gesagt hätte. Ich würde ihnen nahebringen, deutlicher nein zu sagen und sich nicht nur noch zum Objekt anderer Interessen machen zu lassen. Das ist heute noch viel schlimmer geworden: Das Eindringen der Ökonomie in alle Lebenssachverhalte macht uns immer mehr zu Vätern oder Müttern der Sachzwänge. Und natürlich wird auch Gott immer mehr in Frage gestellt, wenn er nicht

schon den meisten vollends abhanden gekommen ist. Man kann heute sagen, daß die Welt der Waren das Wahre im Glauben verdrängt hat.

Aber heute mit meinem, doch im Grunde erfüllten, Leben anderen zu sagen, sagt nein, ist natürlich auch nicht überzeugend, und vielleicht ist es eine Überforderung an beide. Ich habe es damals ja auch nicht getan. Ich formuliere das ohne Melancholie. Ich denke nur, daß diese Art Ratschläge wenig taugen.

Werner Remmers

Politiker, geboren 1930. Sein ehemaliger Ministerialbüroleiter Bernhard Kauffmann, heute Präsident der Stiftung Weimarer Klassik, führte mit ihm nach seinem Schlaganfall am 4. November 1999 dieses Gespräch; in: Was bleibt, was wird«, Werner Remmers zum 70. Geburtstag, Gross Düngen, November 2000.

Wenn ich noch einmal leben würde, so würde ich nicht darüber hadern, daß ich mich mit einem Herzfehler durchschleppen mußte; ich würde darin eine Schranke erkennen, die eine höhere Weisheit meinem zu Hochmut und Selbstüberschätzung neigenden Wesen auferlegt hat.

Wenn ich noch einmal leben würde, so würde ich es als ein Stück Nachfolge Christi annehmen, daß mein Dienst am Evangelium mich mit Menschen zusammenbrachte, die sich diesem verweigerten.

Ich würde die Chance wahrnehmen, im Leiden reifer, geduldiger, liebender zu werden.

Wenn ich noch einmal leben könnte, so würde ich alle Quellen des Glücks: kreatives Schaffen, Schreiben, geschlechtliches Eros noch völliger dem einen zentralen Glück ein- und unterordnen: Gott zu gehören und Ihm zu dienen.

Prof. Dr. theol. Eduard Buess

Emeritierter Professor der Universität Basel, geboren 1913; in einem Brief an den Autor vom 11. Juli 1998.

Möchte ich wirklich mehr und besser sehen können? Ja, natürlich. Dies ist schon der Fall, doch ich kann meine schwere unheilbare Augenkrankheit nicht wegzaubern.

Ein Trost ist es manchmal, daß ich die mißmutigen Gesichter der Menschen oder Unglücksfälle auf der Straße nicht sehen muß. Trotzdem meine Sehkraft im Laufe der Jahre langsam, aber stetig abnahm, konnte ich noch viele, schöne Reisen in fremde Länder unternehmen, und ich konnte auch einige sportliche Erfolge verbuchen. Aber auch mir blieben Mißgeschicke im Leben nicht erspart. Nach einer Scheidung und mehreren schweren Operationen habe ich mich wieder aufgerafft und mich als Autorin betätigt mit ganz erfreulichen Resultaten. Mein Leben war reich an guten und schlechten Erlebnissen, doch könnte ich mein Leben nochmals von vorne beginnen, würde ich einiges anders machen.

Susanne Erb

Mehrfach ausgezeichnete Behindertensportlerin in den siebziger Jahren, blind. Bücher von Susanne Erb: Zwischen Licht und Dunkelheit sowie diverse Kriminalromane; in einem Brief an den Autor im Juni 2001.

Im Januar hatte ich mich entschlossen, diese Reise mit meinem Kollegen, einem jungen, 36jährigen Mann, Vater von drei Jungen, mitzumachen.

In dem Teil des Flugzeuges, in dem wir saßen, gab es keine zwei zusammensitzenden Personen, wie Mann und Frau, die gleichzeitig überlebt hätten, sondern nur hier und da mal einer. Wäre mein Partner zusammen mit seiner Frau gereist, so wären wahrscheinlich beide umgekommen. So aber haben die Kinder noch ihre Mutter behalten und sind keine Waisen.

Meine Mutter ist eine Christin alter Prägung. Jedes Mal, wenn wir eine Reise antreten, beten wir. Auch dieser Tag bildete keine Ausnahme. Meine Mutter sagte: »Norman, hole die Bibel. Wir beten zusammen für deine Reise: Gott, du bewahrst meinen Sohn auf dem Hinweg wie auf dem Rückweg.« Es war nichts Außergewöhnliches, daß meine Mutter so betete. Was aber außergewöhnlich war, war, daß meine Mutter, was sie sonst nie getan hat, plötzlich anfing zu weinen. Ich habe Mutter bis dahin nie weinen sehen.

Von New York aus ging es über den Atlantik in Richtung Gran Canaria ... Etwa 15 Flugminuten vor Gran Canaria sagte der Pilot über Lautsprecher, wir dürften nicht, wie es geplant war, in Las Palmas landen ... Deswegen müßten alle Flugzeuge umgeleitet werden. Wir sollten auf Teneriffa landen.

Man sagte uns zunächst, wir dürften nicht aussteigen. So saßen wir geschlagene vier Stunden im Flugzeug. Und ironischerweise parkte direkt neben uns die KLM 747. Vier Stunden standen wir Seite an Seite, um auf die Starterlaubnis zu warten. Schließlich erlaubte man uns, ein wenig ums Flugzeug herumzulaufen. Wenn man vier Stunden wartet, weiß man nicht mehr, worüber man sprechen soll. So hörte ich mich plötzlich sagen: »Ich frage mich, wie lange der Dicke da drüben schon eine Glatze hat?«, und: »Diese Frau ist ja unmöglich angezogen!« ... Ich sagte: »Guck mal, da ist eine Frau, die hat einen Gips am Körper, und dort ist eine, die trägt ihren linken Arm im Gips, und da kommt einer mit zwei Krücken, der zieht sich den Gang lang.« Ich sagte: »Es kommt mir vor wie ein Film, den ich vor nicht allzu langer Zeit im Fernsehen gesehen habe.« Der Titel des Films hieß: Schiff voller Narren. Der Film erzählte von einem Schiff voller Menschen, die alle in einer glücklichen Stimmung waren, als sie auf die Reise gingen. Aber was sie nicht wußten, war: sie waren alle tot. Und sie alle segelten mit dem Schiff in die Ewigkeit. Und ich sagte: »Wenn ich im Flugzeug so umherschaue, dann werde ich daran erinnert. Diese Leute segeln einfach so in die Ewigkeit!« Und ich sagte dies so leicht dahin. Ich wußte in jenem Augenblick nicht, daß die meisten dieser Menschen schon zehn Minuten später in der Ewigkeit wären. Das letzte Wort, was ich zu meinem Partner sagte, war: »Ewigkeit« ... Und dann sah ich, wie die KLM an uns vorbeirollte. Ich nahm mein Kopfkissen, legte meinen Kopf zu Ruhe, schloß die Augen – in ein paar Sekunden würden auch wir rollen. Plötzlich fühlte ich, wie unser Flugzeug zur Seite weggerissen wurde, und mir wurde sofort klar: Wir sind in Schwierigkeiten. Als der Pilot auf die Bahn rollte, entdeckte er mit Entsetzen, daß die Lichter mit voller Geschwindigkeit auf uns zurasten – 185 Meilen Stundengeschwindigkeit – und wir befanden uns auf der Rollbahn! ... Die erste Klasse brach nach vorn weg und wurde vollkommen abgetrennt. Aus diesem Teil kamen die meisten Überlebenden. Ich saß im mittleren Teil, hier gab es ein paar Überlebende. Im Schwanz überlebte niemand. Sofort hatten wir überall Feuer. Ich kann mich nicht entsinnen, daß es eine Sekunde ohne Feuer gab. Das Innere des Flugzeugs schwamm in Benzin. Wie ich aufgestanden bin und mich von meinem Sitzgurt gelöst habe, weiß ich nicht mehr. Neben mir zur Linken am Fenster hatte eine 86jährige Frau gesessen, rechts neben mir ihre 65jährige Tochter und direkt vor mir mein Geschäftspartner. Das erste, was ich tat, als ich auf meinen Füßen stand, war, daß ich mich ihnen zuwandte, um zu sehen, ob ich ihnen helfen könnte. Aber ... ich vermochte nichts mehr zu tun. Blitzschnell wandte ich mich meinem Partner vor mir zu. Ich habe ihn überhaupt nicht mehr entdeckt. Er war weg. Überall um mich herum verbrannten die Leute. Solange ich lebe, werde ich das nie vergessen können. ... Viele Dinge, Flugzeugteile, Gepäckteile flogen durch die Luft. Die Hitze war so enorm, daß man nicht mehr atmen konnte, wie in einem Feuerofen ... Ich werde niemals die Geräusche im Flugzeug vergessen: die Explosionen, die Stichflammen, die Schreie der Menschen ...

583 Menschen waren sofort tot, zehn sind später an den Folgen gestorben. 114 konnten nicht mehr identifiziert werden. Zu ihnen gehörte mein Partner und die beiden Damen neben mir. Und mitten drin war ich ohne irgendeine Brandwunde. Inmitten dieser Hölle dachte ich an meine Mutter. Ich sah ihre Tränen, und plötzlich fühlte ich, wie mich der Mut ergriff. Ich fühlte großen Frieden. In diesem Augenblick war es mir egal, ob ich leben oder sterben würde. Ich wußte genau: Würde ich sterben, wäre ich bei Gott, würde ich leben, ist er bei mir. Ich glaube, dies war der größte Friede, den ich je in meinem Leben verspürte ... Als ein Gegenstand auf mich zuflog, sah ich nach oben und bemerkte dabei in der Decke des Flugzeuges ein Loch. Ich kann mich zwar daran erinnern, daß ich das Loch sah. Und ich weiß auch, daß ich hindurchkam. Aber ich habe keine Ahnung mehr, wie ich hoch kam. Als ich mich durch das Loch zog, war der Metallrand scharf wie ein Messer. Und als ich mein Körpergewicht hochzog, zer-

schnitt es mir meine ganzen Hände. Aber wenn du um dein Leben kämpfst, sind zerschnittene Hände nichts! Als ich aus dem Flugzeug herauskam, hingen zwei meiner Finger nur noch an dünnen Fäden. Wenn Du 52 Jahre alt bist und 260 Pfund wiegst, dann kann man so etwas nicht aus eigener Kraft tun. Da bedarf es der Hilfe Gottes.

Ich sprang und landete auf dem Flügel. Und ich fing an, abzurutschen, denn alles war glitschig durch das ausgelaufene Benzin. Das Flugzeug wurde durch weitere Explosionen erschüttert. Es war kaum möglich zu stehen. Unter mir auf dem Boden befanden sich acht Leute, die aus dem Flugzeug herausgekommen waren ... Die Maschinen liefen hochtourig, und Feuer war in jeder Turbine. Mir war klar: Es waren nur noch Sekunden, bis die ganze Maschine in die Luft flöge. So gibt es keine Wahl! Ich sprang 30–35 Fuß tief, etwa zehn Meter! Es war für mich ein langer Weg. Als ich auf dem Boden landete, hörte ich, wie die Knochen brachen. Dann konnte ich noch über das Flugfeld irgendwie laufen. Als ich circa 50 Meter vom Flugzeug entfernt war, gab es zwei Detonationen und unser Flugzeug wurde zerfetzt. Danach explodierte auch die KLM.

Ich könnte noch viel erzählen, aber etwas möchte ich noch erwähnen. Ich werde niemals die Liebe der Menschen auf den Kanarischen Inseln vergessen. Die Menschen rannten aus ihren Häusern auf das Flugfeld und brachten Decken, Kleider und Wasser. Einige von ihnen zogen die Menschen unter Lebensgefahr aus dem Flugzeug heraus. Einige haben dabei ihr Leben verloren. Ein junger Mann hat mich in seinen Wagen gesetzt. Mit meinem Blut habe ich sein ganzes Polster verdreckt, und ich wollte mich entschuldigen. Er sagte: »Das macht gar nichts!« ... Vor dem Krankenhaus standen zwei Schlangen von Menschen, um Blut zu spenden. Als unsere Versicherungsagenturen kamen, um die Rechnungen zu bezahlen, sagten sie: »Sie schulden uns nichts!« Sie haben keinen Pfennig genommen.

Fast jeder geht irgendwann und irgendwie durch sein eigenes »Jet-Unglück«. Entweder du bist schon durch eine solche Krise marschiert, oder du befindest dich vielleicht gerade in einer solchen, oder sie kommt noch. Es müssen nicht immer zwei Flugzeuge sein, die ineinander stoßen: in den Ehen, körperlich, geistig, finanziell usw. Aber worin deine Krise auch immer bestehen könnte, nimm deine Schulter zurück, halte deinen Kopf hoch und denke daran, daß dein Unglück nicht das letzte Wort hat.

Norman Williams

Aus einem auf Tonband aufgezeichneten authentischen Bericht im Januar 1988 zu Händen des Autors. 576 Menschen fanden in den Flammen der explodierenden Maschinen den Tod, als auf dem Flugplatz Los Rodeos von Santa Cruz auf der spanischen Ferieninsel Teneriffa zwei nahezu vollbesetzte Boeings 747 im Nebel auf der Startbahn am Sonntagabend, den 27. März 1977, zusammenstießen. 89 Menschen überlebten zum Teil schwerverletzt. Beide Maschinen explodierten und brannten binnen fünf Minuten völlig aus (dpa, 28. März 1977 und Time Magazin, 11. April 1977).

Weniger Fehler machen?

Wenn ich noch einmal leben dürfte, würde mir angst und bang. »Das Leben noch einmal leben« wäre über weite Strecken eine schmerzliche Erfahrung. All die peinlichen, schockierenden, lächerlichen, beschämenden Momente zum Beispiel würden, wie die Vergangenheit überhaupt, nicht vom gnädigen Mantel des Vergessens zugedeckt.

Vergangenheit wäre wieder Gegenwart, der wir – bei absolut identischen persönlichen und sozialen Eckwerten, also ohne unser Wissen von heute und ohne unsere im Laufe der Jahre weiterentwickelte Persönlichkeit – gegenüberstünden.

Die Folge: Wir wären zu einer Existenz als Wiederholungstäter verurteilt.

Dieses Szenario lehrte mich, das laufende Leben zu nutzen und Folgen meiner früheren Fehlleistungen zu korrigieren. Das bringt den Betroffenen etwas und mir auch.

Hermann Weber

Redakteur/Moderator SR DRS + SF DRS, 1960–1995, geboren 1935, Schweizer TV-Idol (Mäni National), in einem Brief an den Autor vom 6. Januar 1999.

Aspekte wie Sehnsucht und Sinn schweben mir im jetzigen Leben vor wie auch in einem denkbar zukünftigen.

Wenn man bedenkt, was man alles verpaßt oder nicht gemacht hat, könnte man total deprimiert sein. Aber die Erfahrung lehrt einen, daß der Weg selbst mit seinen Kämpfen und Nöten, aber auch mit seinen Erlebnissen von Erfüllung und Schönheit wichtiger sein kann, als das Ziel, um das man immer strebend sich bemüht.

Dr. Ernst Beyeler

Gründer der Fondation Beyeler in Riehen bei Basel; in einem Brief an den Autor im Juli 2001.

Viele meiner Gesprächspartner leiden am Gefühl, nicht gelebt oder einen großen Fehler gemacht zu haben. Der tiefere Beweggrund dabei ist das Empfinden, festgefahren zu sein, sich nicht mehr entwickeln zu können.

Nicht unsere Defizite sind unsere eigentlichen Behinderungen. Einer meiner Lehrer sagte einmal zu mir: »Es gibt nur drei wirkliche Behinderungen: zuviel Geld, zuviel Schönheit und zuviel Status.« Sie hindern uns daran, uns dem Leben mit seinen Höhen und Tiefen zu stellen.

Der Mensch überschätzt sich, wenn er meint, für alles selber verantwortlich zu sein.

Maria Danioth

Psychotherapeutin; in einem Leserbrief an die Zeitschrift »Zeitlupe« Nr. 5/2001 zum Thema »Wenn ich nochmal leben könnte« (www.zeitlupe.ch).

Vieles würde ich anders machen. Als alleinstehende berufstätige Mutter kannte ich über Jahre keinen einzigen freien Nachmittag in der Woche. Aber ich war damals viel zu perfektionistisch im Haushalt und im Garten. Zudem konnte ich nirgends nein sagen, habe überall geholfen, wo Hilfe gefragt war. Heute mit erst 66 Jahren reichen die Kräfte nicht einmal mehr für einen Tagesausflug. Tagsüber muß ich mich immer wieder hinlegen. Die Ärzte sagen, ich sei einfach verbraucht. Natürlich stimmt mich das traurig.

M. S. in Winterthur

Verfasserin dem Autor bekannt.

Wenn ich noch einmal leben könnte, würde ich versuchen, folgendes anders zu machen: Es bedrückt mich ab und zu, daß ich mich bei meinen Kindern über meinen Mann beklagte. Wir hatten finanziell zu kämpfen. Leider ist er vor fünf Jahren gestorben. Meine Kinder sagen trotzdem zu mir: »Mutter, du hast es gut gemacht.« Das gibt mir Zuversicht.

Hedi Zürcher

Frutigen; Schweiz; in einem Leserbrief an die Zeitschrift »Zeitlupe« Nr. 5/2001 zum Thema »Wenn ich nochmal leben könnte« (www.zeitlupe.ch).

Mein Leben hatte große Spannungsbögen, aber es war nicht immer einfach. Ich würde vielleicht bereits meine Kindheit ein wenig anders leben, wahrscheinlich noch mehr kreative Jugendstreiche verüben, Bergsteigen, Reiten und Drachenfliegen. Meine Kindheit würde ein bißchen mehr mit Tom Sawyer oder Huckleberry Finn verwandt sein. Und dann würde ich früh anfangen zu malen und wohl auf sehr natürliche Weise Sprachen lernen. Schwere Zeiten würde ich in gewissem Sinne schneller bewußt »umarmen«. Von Andreas Felger gibt es ein Holzrelief mit einem urigen Weinstock, der seinen Weg durch schwere Felsbrocken finden mußte. Jetzt liegen die wuchtigen Steine auf den knorrigen Wurzeln und bewahren die Weinreben mit ihren überschweren Trauben vorm Fallen. Die dunklen Zeiten, die schweren Strecken haben einen wichtigen Sinn. Wenn ich dieses Leben als Geschenk annehme, entdecke ich, daß auch der schwerste Tag Lichtstrahlen der Freude hat.

Hätte ich die gegenwärtigen aktuellen Erfahrungen schon mit zwanzig oder fünfundzwanzig gehabt, dann hätte ich sicher manche Fehler vermieden und manche Entscheidung weiser getroffen. Aber auch die Fehler gehören zu unserem Leben.

Ich würde viel darum geben, wenn ich als Kind schon das über Gott gewußt hätte, was ich heute weiß. Ich hätte ihn viel früher beim Wort genommen und spontaner, unkonventioneller, ganzherziger mit ihm gelebt. Man kann sagen, ich wäre mit ihm mutiger über die kleinen und großen Mauern des Lebens gesprungen. Sicher gehört auch das Opfer dazu. Man kann nie etwas Großes erreichen ohne Opfer.

Ansonsten bewegt mich ein Satz des Amerikaners Jim Elliot, der als junger Mann in Südamerika ermordet wurde, als er einem Kopfjägerstamm das Kostbarste schenken wollte, was er hatte. Elliot schrieb einmal in sein Tagebuch: »Der ist nicht dumm, der das wegschenkt, was er nicht behalten kann, um das zu gewinnen, was er nicht verlieren kann.« Ich versuche, jeden Tag, mich am Schönen zu freuen, in das Schwere konkret hineinzuhören und mich in allem von einer langfristigen Perspektive leiten zu lassen. Hier finden auch mein Privatleben und Beruf zusammen: Ich denke und lebe langfristig, also von der Zukunft her. Aber das mit vollem Herzen.

Am schönsten ist unser Leben, glaube ich, wenn es wie frische Erde ist – und dabei einen Geruch vom Himmel hat, der innen ganz stark ist.

Vielleicht ist es gut, daß wir nicht noch einmal alles von vorn an leben müssen, sondern die Vergangenheit annehmen und bewältigen dürfen, zugleich die Chancen der Veränderung ergreifen können, die wir heute haben.

Dr. oec. publ. Hartmut Christian Lüling

Unternehmensberater, Coach von Führungskräften, geboren 1947; in einem Gespräch mit dem Autor 1999.

Weniger Scheitern?

Nach Karl Jaspers ist das Scheitern ein schicksalhaftes Erlebnis in der Begegnung mit Grenzsituationen, welches den Menschen vor das Nichts stellt. Es ist der Tiefpunkt, wo ein bisheriger Weg aufhört und ein neuer Weg noch nicht sichtbar ist. Dieses Ereignis wird nicht gemacht, sondern bricht unvermittelt über den Betroffenen herein. Die Situation läßt sich nicht mehr durch die Ratio steuern. Sie ist unkontrollierbar. Der Betroffene fühlt sich gelähmt.

Jeder Mensch, der nach einer persönlichen Krise wieder auflebte, erinnert sich besonders an diese Phase. Kaum einer der Menschen, die den beschriebenen Trauerprozeß durchgemacht haben, will die Krise im nachhinein missen. Er hat letztendlich überaus wertvolle Erfahrungen über das Leben im allgemeinen und sich selbst im besonderen gewonnen. Als gestärkte Persönlichkeit hat er seinen neuen Weg eingeschlagen. So können Phasen des Scheiterns dazu beitragen, neue Perspektiven zu erhalten, Authentizität zurückzugewinnen, an der Persönlichkeit zu wachsen, größere Nüchternheit und bessere Selbsteinschätzung zu erlangen. Krisen haben manchen Menschen zur Persönlichkeitsreifung verholfen, weil sie gezwungen wurden, sich so wahrzunehmen, wie sie wirklich sind. Menschen, die ihre Krisen hinter sich haben, denken also nicht selten mit Achtung an die schwere Zeit zurück. Gier nach Besitz, Geld und Macht hat in ihrem Leben an Faszination verloren. Sie haben gelernt, in Harmonie mit ihren Bedürfnissen und Fähigkeiten zu leben und zufrieden zu sein, weil sie erfahren haben, daß Gutes im Leben nicht selbstverständlich ist. So haben sie auch einen neuen Bezug zu ihrer Arbeit und ihrem Handeln gefunden.

Der Charakter eines Menschen kann gerade in schwierigen Zeiten zur Reife gelangen. Er wird gewöhnlich nicht in Zeiten des Erfolges geformt, sondern nutzt sich in solchen Zeiten eher ab. Ein amerikanisches Sprichwort sagt treffend: »Wen die Götter zerstören wollen, dem schicken sie dreißig Jahre lang Erfolg.«

So gesehen täte es unserer Gesellschaft eigentlich nur gut, wenn es mehr Erschütterungen, mehr Zusammenbrüche und einstürzende Gebäude gäbe, damit mehr Neuanfänge, Wiederaufbau und bessere, haltbarere Neubauten entstehen könnten.

Es gibt jede Menge Bücher, die uns den Weg zum Erfolg weisen, aber kaum eines, das uns den Umgang mit Scheitern erklärt. Das ist um so erstaunlicher, als ja in jedem Leben beides permanent vorhanden ist. Die heutige wirtschaftliche Situation, die durch immer größeren Konkurrenzdruck beherrscht wird, »produziert« geradezu notwendigerweise für die Gewinner ihre Verlierer. Obwohl wir täglich mit beidem gleich oft konfrontiert sind, gehört das Scheitern zu den großen Tabuthemen unserer Zeit.

Erfolg und Scheitern liegen ganz nah beieinander, und sie stehen in einer Wechselbeziehung. Sieg und Niederlage, Kraft und Schwäche, Leben und Tod, Berühmtheit und Schmach, Hoffnung und Verzweiflung, Lust und Ekel, Emporsteigen und Hinunterstürzen können sich ständig abwechseln.

Frage:
Sie wollen auch einen Lehrstuhl für gescheiterte Topmanager einrichten. Was sollen die unterrichten?

Daniel Goeudevert:
Sie sollen von ihren Erfahrungen berichten, was sie aus dem Scheitern gelernt haben. Von der Grundschule bis zur Universität werden wir mit dem Scheitern nur negativ konfrontiert. Das will ich ändern.

Frage:
Was ist am Mißerfolg erstrebenswert?

Daniel Goeudevert:
Heute erzählen wir den Studenten nur vom Erfolg. Doch daß die Niederlage ebenso zu jeder Karriere gehört, lernen sie nirgendwo. Gerade heute führt eine Karriere nicht mehr wie ein Fahrstuhl nur nach oben. Die Berufsbahnen der Zukunft gleichen einer Achterbahn. Drei- bis viermal werden wir womöglich unseren Beruf wechseln müssen. Wer das früh begreift, wird es später einfacher haben.

Frage:
Wer soll die Vorlesungen halten?

Goeudevert:
Ich selbst wäre der erste Dozent. Als ich als stellvertretender Vorsitzender des VW-Konzerns geschaßt wurde, habe ich mir viele Fragen gestellt: Was habe ich falsch gemacht? War ich zu unbequem? Kann ich in Zukunft noch eine Firma führen? Wie reagiert meine Familie? Noch heute kommen mir diese Fragen immer wieder hoch – wie Zwiebelgeschmack im Mund. Doch das hat seinen Sinn. Ich glaube, man sollte sich über den Sinn des Scheiterns genauso viele Gedanken machen wie über den Sinn des Erfolges.

Daniel Goeudevert

Ehemaliger Stellvertretender Vorstand von VW; Auszug aus einem Interview der Wochenzeitung »Die Zeit« vom 12. Mai 1999.

Zeit

Die Entdeckung der Langsamkeit oder die Wiedereroberung der Zeit

Von Dr. Andreas Lukas

»Zeit ist das, was uns fehlt, wenn sich zuviel ereignet.« Mit diesem Satz von Manfred Eigen wird unsere aktuelle Situation treffend beschrieben. So finden wir unterschiedliche Geschwindigkeiten in allen Lebensbereichen. Das stärker spürbare Auseinanderfallen von z.B. technischem oder wissenschaftlichem Fortschritt und unserem Zeitgefühl verunsichert uns.

Viele formulieren diese Verunsicherungen in Fragen wie: Ist die immer schnellere Entwicklung in Wissenschaft, Technik oder Wirtschaft überhaupt noch steuerbar? Überholt der permanente Wandel nicht längst jeglichen Planungsansatz? Bleibt vielen Entscheidungsträgern letztlich nur noch das resignierte Nachdenken und Zurkenntnisnehmen der von anderen geschaffenen Fakten? Wird anstelle des bewußten Gestaltens das »Durchwursteln« zur dominierenden Handlungsstrategie, wenn planbare Prozesse unmöglich erscheinen? Laufen wir also der Zeitkrise zum Handeln unfähig hinterher?

Das Thema Zeit reicht also sehr viel weiter als die Frage nach den neuesten Tools zur Beschleunigung unserer DV-Anlagen. Es geht um sehr viel mehr, nämlich um die Auseinandersetzung mit einem Phänomen, das einerseits für jeden durch sein subjektives Zeitempfinden sein Leben prägt, andererseits zu den zentralen Mechanismen der Regulation und Koordination unserer Gesellschaft zählt. Allerdings bestimmen seit jeher die Instrumente und Erfahrungen, die wir zur Messung der Zeit entwickelt haben, auch unsere jeweilige Wahrnehmung von Zeit. Denn je genauer wir Zeit messen können, desto mehr haben wir das Gefühl, weniger von dieser zur Verfügung zu haben.

Umgekehrt bestimmt unser Umgang mit dem Phänomen Zeit auch die Art und Weise, in der wir Zeit gestalten und zu beherrschen versuchen. So können wir unlängst beobachten, daß viele, die bis vor kurzem noch dem Beschleunigungssog in jeglicher Erscheinungsform scheinbar hilflos ausgeliefert waren, gerade dabei sind, sich neu zu besinnen. Ein neues Schlagwort von den *»Slobbies«* macht die Runde, das für *»slower but better working people«* steht. Eine postmoderne Managergeneration, die gegen das Stereotyp der ewig gehetzten Führungskraft und gegen das mechanische Diktat der Uhr revoltiert?

Entdecken Manager oder Führungskräfte etwa die Langsamkeit als neue Vision für die Unternehmen und die Wirtschaft? Können wir uns vom allgemein herrschenden und alles beeinflussenden Zeitdruck lösen? Gibt es eine andere Antwort auf die Herausforderungen des Internetzeitalters, in dem alles immer sofort erledigt werden muß, als die Beschleunigung ohne Wenn und Aber?

Zeit ist aber nur deshalb da und für uns wahrnehmbar, weil sie vergeht. Würde sie stehenbleiben, dann würden wir sie nicht wahrnehmen können. Zeit scheint sich immer nur dort zu manifestieren, wo ein Beobachter ihr Verstreichen bemerkt und davon betroffen ist. Während wir bei der objektiven Betrachtung der Zeit von Vergangenheit, Gegenwart und Zukunft sprechen, können wir die subjektiv erlebte Zeit mit Erinnerung, Betrachtung und Erwartung beschreiben. So messen wir die Zeit auch nicht als Sache, sondern nur ihr Verrinnen. Die Sanduhr ist dafür ein treffendes Symbol.

Die Veränderung und das Vergehen bilden also den Kern aller unserer Erfahrungen und Befindlichkeiten. Wenn alles schneller geschieht, wenn wir immer größere Räume in immer kürzeren Zeiteinheiten überwinden, wenn Distanzen schrumpfen, wenn immer mehr Informationen, Bilder, Reize in immer kürzeren Intervallen auf uns einwirken, bedeutet dies vor allem: Unsere Reizökonomie gerät außer Rand und Band. Die Innovationsrate, sprich die Neuerungen: Töne, Bilder, Gerüche, Landschaften, Menschen, Meinungen, Gebäude, Gegenstände, ja Gefühle, welche in kleinster Zeiteinheit auf uns einwirken, wachsen ins Unermeßliche an. Wir können sie geistig und emotional nicht mehr abarbeiten. Sie lassen uns daher kalt, wir gehen auf Distanz. Das heißt, wir lassen sie schon nach flüchtigster Berührung wieder fallen und eilen weiter.

Eilen wir also nach dem Motto »*Verschwinde doch, Du Augenblick, Du dauerst schon viel zu lange und verstellst mir nur den Blick für Neues*« von Ereignis zu Ereignis ständig im Bestreben, neue Effekte zu erhaschen, Highlights oder Sensationen zu sammeln, die aber alle ihre Wirkung sehr schnell wieder verlieren? Für die Rastlosigkeit und Dynamik unseres modernen Lebens hat uns schon Goethe in seiner Figur des Faust ein treffendes Beispiel gegeben: »Ihn sättigt keine Lust, ihm genügt kein Glück, so buhlt er fort nach wechselnden Gestalten.«

Wenn uns also die ganze Welt in kleinsten Blöcken von wenigen Sekunden in unser Wohnzimmer geschaltet wird, bleibt uns dann nicht zwangsläufig nur Hilflosigkeit oder besser Teilnahmslosigkeit? Wissen und erfahren wir dann überhaupt etwas von der wahren Wirklichkeit, gerade weil uns so viel Wirklichkeit im Nanosekundentempo auf unseren heimischen Tisch serviert wird? Die modernen Medien haben hier eine neue Stellung und auch Macht in unserem Leben und in unserer Gesellschaft erhalten. Sie scheinen es oftmals zu sein, die Trends setzen und diese genauso schnell auch wieder verwerfen. Können wir uns dem überhaupt widersetzen? Können wir uns dieser Entwicklung entziehen?

Der Systemforscher Klaus-Peter Möller urteilt in dieser Situation: »Traue niemals einem gerade vorherrschenden Trend langfristige Stabilität zu. Jeder Trend baut die Voraussetzungen für sein Ende selbst mit auf. Je stabiler die Trendrichtung gerade erscheint, desto größer ist die Wahrscheinlichkeit, daß gegenläufige Entwicklungen sich verstärken, dem Trend zunächst die Spitze brechen und ihn dann umkehren« (Möller 1992, S. 7f.).

Auch auf der Suche nach Wettbewerbsvorteilen auf den globalen Märkten bildet die Zeit, wie es scheint, die letzte

Ressource, mit der man einen Vorsprung vor der Konkurrenz sichern kann. »In den schnellen Wirtschaften beschleunigt moderne Technik die Produktion. Aber das ist bei weitem nicht das Wichtigste. Ihr Tempo wird von der Schnelligkeit der Transaktionen, der zur Entscheidungsfindung benötigten Zeit, der Geschwindigkeit, in der neue Ideen in den Labors entstehen, der bis zur Vermarktung benötigten Zeit, der Schnelligkeit von Kapitalströmen und vor allem von der Geschwindigkeit bestimmt, mit der Daten, Informationen und Wissen durch das Wirtschaftssystem pulsieren« (Toffler 1991, S. 475).

Die Zeitschere im Management, wie der St. Galler Organisationsexperte Prof. Knut Bleicher es nennt, nimmt weiter zu, das heißt, die bei wachsender Komplexität benötigte und die bei zunehmender Dynamik erforderliche Reaktionszeit werden weiter auseinander driften. Aus dem permanenten und sich noch weiter verstärkenden Innovationsdruck resultiert deshalb ein Beschleunigungssog, der Geschwindigkeit zu dem Wettbewerbsvorteil überhaupt macht. Ja, Geschwindigkeit scheint zum strategischen Imperativ unseres gegenwärtigen und zukünftigen Handelns zu werden.

Dieser überall herrschende Beschleunigungsdruck beschränkt sich nicht mehr nur auf die Gestaltung von Produktionsprozessen oder Arbeitsabläufen. Soziale Beziehungen am Arbeitsplatz, aber auch private und sonstige kommunikative Beziehungen können sich kaum noch der Zeitrationalität entziehen. In allen Bereichen unseres Lebens treffen wir auf das vermeintlich zwingende Gesetz der immerwährenden Beschleunigung. Das Handy oder zumindest dessen überwiegende Nutzung, die oft nur darin besteht, recht Nutzloses weiterzugeben und so den Adressaten zu etwas zu bewegen, das er von sich aus nicht getan hätte, zeigt in die gleiche Richtung.

Hand in Hand geht damit einher die immer stärkere und radikalere Bewirtschaftung des an sich nicht zu vermehrenden Zeitkontos. *Nur keine Stagnation, nur keine Passivität zulassen, »schneller leben«* heißt die Konsequenz in der Informations-, Megaflop- oder Nanosekunden-Kultur, die mit Zeiteinheiten rechnet, die unser Gehirn nicht mehr wahrnehmen, geschweige denn reflektieren kann. Schon wird die 24-Stunden-Gesellschaft propagiert, die keine Pausen mehr zuläßt und ohne Unterlaß ein vermeintliches Ereignis an das andere reiht, ständig nach neuer Aufmerksamkeit heischt.

Dem Gesetz der Evolutionstheorie zufolge werden in einer solchen Situation nur diejenigen überleben, deren Anpassungsgeschwindigkeit mindestens so groß ist wie die Änderungsgeschwindigkeit und Beschleunigung ihres Umfeldes, in dem sie agieren und existieren. Und die Erkenntnisse aus der Chaosforschung zeigen uns, daß der Zustand eines sich selbst entwickelnden Systems – Unternehmen und soziale Organisationen sind solche Systeme – in Richtung zunehmender Turbulenz tendiert. *Schnelligkeit heißt deshalb die Spielregel.* Und wir alle haben gelernt, unsere Zeit zu rationalisieren, was wir wie schnell und mit welchem Zeitaufwand erledigen können. Wie keine andere hat unsere Epoche die technische und soziale Organisation fast aller Lebensbereiche unter das Motto der immer und überall rationalisierten Ressource Zeit gestellt.

Sicherlich gibt es viele Menschen, die mit der Geschwindigkeit des modernen Lebens keine Probleme zu haben scheinen. Als Beispiel seien die Vielmediennutzer genannt oder der Trend zum ständigen Aktionismus. Mir geht es aber hier weniger darum, welche verschiedenen Ausprägungen das moderne Leben trotz des Zwangs zur Beschleunigung zuläßt, sondern darum, wie verantwortungsvoll wir damit umgehen und unsere Zukunft gestalten können. Und es geht auch nicht darum, wieviel wir in einer gewissen Zeitspanne und Zeiteinheit erleben, tun oder »konsumieren« können, sondern um die Frage, wie sinnvoll wir unsere Zeit für lohnende Dinge und eine Zukunftsgestaltung einsetzen, die diesen Namen auch verdient.

Langsamkeit und Gelassenheit als Gegenerfahrung der Turbo-Gesellschaft?

Sind die Menschen wirklich unersättlich und wollen ständig mehr und anderes? Die grundlegende Annahme der Ökonomie scheint dies zu bestätigen. Die Volkswirtschaftslehre beruht auf der Annahme der Nichtsättigung. Die wirtschaftliche Entwicklung der letzten Jahrzehnte mit immer neuen Produkten, vielfältigeren Angeboten und immer kürzeren Produktlebenszyklen sprechen für das »Immer-mehr«.

Mit der durch die Schnelligkeit ausgelösten Reizüberflutung spüren wir aber auch, daß wir reizökonomisch über unsere Verhältnisse leben, daß wir längst nicht mehr Schritt halten mit den selbstinszenierten Welt- und Umweltveränderungen, die sich vor allem als Beschleunigungs- und Vervielfachungseffekte darstellen. Schnelligkeit als das alleinige Credo unserer Wirtschaft und Gesellschaft gerät dadurch zumindest ins Wanken.

So kämpfen wir mit der Diskrepanz einer ständig zunehmenden Informationsüberflutung und einer abnehmenden Kommunikationseffizienz. Wir werden jeden Tag ignoranter, oder besser: unwissender, ohne daß wir aktiv etwas dazu beitragen. Die Forschung und Entwicklung, die Experten produzieren nicht zuletzt mit Hilfe der modernen Informationstechnologien so viel neues Wissen, daß wir zum Beispiel die Encyclopaedia Britannica jeden Tag mehrfach neu schreiben könnten.

So produzieren wir auch immer mehr Informationsmüll und die gesamtgesellschaftliche Informationsüberlastung beträgt heute bereits mehr als 98 Prozent. Die Empfänger beachten höchstens zwei Prozent des gestreuten und verfügbaren Informationsangebotes. Schnellebigkeit und Quantität ersetzen hier meist Gründlichkeit und Qualität, Genauigkeit und Zusammenhänge. Oder, weil Information in einem solchen Überfluß vorhanden ist, lassen wir uns (oder bleibt uns) nicht die Zeit für ein genaueres Hinsehen. Eine ausweglose Situation also für uns und unser Zeitbudget, das durch diese Überflutung noch enger wird und dessen Ringen um Strategien, mit denen man die immer höhere Geschwindigkeit bewältigen will, als hoffnungslos erscheint?

Langsam scheint aber der Zeitpunkt für Widerstand gegen das Diktat von Zeit und Hetze gekommen zu sein. Geschwindigkeit gerät zumindest als einziges Leistungskriterium ins Wanken. In einigen Bereichen setzt die Suche nach einer neuen Zeitkultur ein. Die gepflegten Beschleunigungsrituale gelten z.B. auf den Chefetagen nicht mehr als nachahmenswert und erste Return-on-investment-Rechnungen werden auf die Langsamkeit übertragen. In vielen Bereichen führte der Beschleunigungswahn nämlich gerade dazu, daß sich die daraus resultierenden Produktlebenszyklen nicht mehr rechneten. Eine fatale Situation!? In Unternehmen wird laut über die Frage nach der Zeit nachgedacht. Auszeiten und Sabbaticals werden mehr und mehr in Arbeitsverträge integriert. Selbst der früher eher belächelte Mittagsschlaf verliert als Power Nap sein Stigma und wird systematisch neu eingesetzt.

Es gibt also durchaus Grenzen der Beschleunigung. Eine Rose z.B. muß selbst zur Blüte kommen, man kann die Knospe nicht aufbrechen. Oder wie ein afrikanisches Sprichwort sagt: »Das Gras wächst nicht, wenn Du daran ziehst.« Oder wenn man eine Mayonnaise herstellen will, muß das Öl ganz langsam hinzugegeben werden, sonst gerinnen die Zutaten. So können auch die Prozesse der Erfahrungen genauso wenig beschleunigt werden wie viele kulturelle und gesellschaftliche Prozesse.

Das Leben bestraft denjenigen, der zu spät kommt, gleichermaßen wie denjenigen, der zu früh kommt.

Daß sich z.B. Führungskräfte durch Zeitknappheit auszeichnen – wie es heute immer noch an der Tagesordnung ist, ja wie es vielfach zum Statussymbol einer Führungsschicht dazugehört –, muß nicht immer so sein, wie Sten Nadolnys Held John Franklin in seinem Roman »Die Entdeckung der Langsamkeit« überzeugend belegt. Je komplexer eine Aufgabe ist, desto fragwürdiger wird es nach Nadolny auch, unbedingt ihre rascheste Lösung anzustreben. Und es mag zunächst paradox klingen: Das strategische Wettrennen unserer überall schnellebigen Zeit, in der alles sich in ständiger Bewegung befindet und alles eigentlich schon gestern oder vorgestern erledigt sein sollte, dieser Wettlauf wird, wie mittlerweile viele Signale andeuten, eher von den Gelassenen und Beharrlichen als von den hektisch Aktiven gewonnen werden, auch wenn die sogenannte New Economy in den letzten Jahren anders zu ticken schien. Die gegenwärtige Entwicklung korrigiert viele der zu kurz greifenden und überhasteten Geschäftskonzepte.

So beherrscht Nadolnys Held John Franklin eine vorbildliche navigatorische Routine, weil er Offenheit, Gelassenheit, Nachdenklichkeit und Langsamkeit ständig in seinem Verhaltensrepertoire mit sich führt. Im entscheidenden Augenblick, wo es um Leben und Tod für seine Mannschaft und sein ins Packeis geratene Schiff geht, verliert er keine Zeit mit hektischen Flucht- oder Lösungsversuchen, für die es ohnehin zu spät gewesen wäre. Nein, er nimmt sich Zeit zum Nachdenken und konzentriert sich auf denkbar »undenkbare« Lösungen. So versucht Franklin erst gar nicht, sein Schiff aus dem Packeis herauszubringen, sondern manövriert es direkt hinein, um nicht von treibenden Eisbergen zerrieben zu werden. Einen sichereren Platz, als zwischen Eiswänden eingekeilt zu sein, konnte es nicht geben, auch wenn dies von seiner Mannschaft zuerst nicht so gesehen wird. Genau dies aber bringt ihm und seiner Mannschaft die Rettung vor dem sicheren Schiffbruch und Untergang.

John Franklins Lehre lautet: Nicht die Dinge sind es, die uns erschrecken, sondern unsere Ansichten über die Dinge. Schon in der Antike war man sich bewußt, daß die Welt sich total verändert, wenn man sie aus der Perspektive der Langsamkeit betrachtet. Dafür steht die paradoxe Metapher vom Wettlauf zwischen Achilles und der Schildkröte.

In unserer hektischen Gesellschaft und Welt haben nur noch wenige die Geduld für ein solches Vorgehen oder eine solche Sichtweise, die für John Franklin typisch ist und seinen Erfolg ausmacht. Manager wollen und brauchen Ergebnisse »jetzt und sofort«. Der Mitautor des Bestsellers »Auf der Suche nach Spitzenleistungen«, Robert Watermann, charakterisiert dies sehr treffend: Manager »wollen umfassende Qualität hier und jetzt, Selbststeuerung ein Jahr später, und ganz en passant soll auch noch eben die Unternehmenskultur verändert werden. Die Unfähigkeit, sich der Zeit zu verschreiben, der es einmal bedarf, große Dinge zu tun, ist genau der Grund, warum die meisten ›Führer‹ keine großen Dinge zustande bringen« (Watermann 1994, S. 359).

Navigatorische Meisterschaft und entdeckerische Kühnheit – nur wer die rationale Tüchtigkeit des Gottes Apoll mit dem transrationalen Umherschweifen seines Halbbruders Hermes verbinden kann, erst der hat, so Nadolny, auf angespannte Situationen mehr als nur eine Antwort zur Hand. Dieses Abwägen von verschiedenen Alternativen wird in Zukunft auch immer wichtiger, wenn wir unsere Unternehmen auf Erfolgskurs halten wollen. Das Denken in eindimensionalen Kategorien reicht nicht mehr. Und die neuere Gehirnforschung bestätigt uns, daß die Eigenschaften beider Götter in uns wohnen: Apoll in der rational-logischen, systematisch-ordnenden und methodisch-kategorisierenden linken Gehirnhälfte, Hermes in der Intuition, Kreativität, Irrationalität und Schöpferisches verkörpernden rechten Hälfte.

Bei der florentinischen Kaufmanns- und Herrscherfamilie der Medici finden wir immer wieder die Symbole der Schildkröte und des Segels in vielen Gemälden und Begebenheiten geschäftlicher und gesellschaftlicher Art. Beide zusammen stehen für Schnelligkeit und Langsamkeit zugleich. Die Schildkröte verkörpert wie kaum ein anderes Lebewesen Gelassenheit, Ruhe, aber auch Zielstrebigkeit und Durchhaltevermögen. Demgegenüber steht das Segel für Schnelligkeit, Zielgenauigkeit und Manövrierfähigkeit. Schon in der Renaissance haben die Vertreter der ganz Europa prägenden Familie der Medici, die Florenz zum Mittelpunkt des Humanismus, der Wissenschaft und Kunst machten, die Notwendigkeit des Miteinanders beider Eigenschaften erkannt. Manchmal muß man eben auch einmal schnell sein, um der Langsamkeit zum Durchbruch zu verhelfen.

»Im Kern ist und bleibt das Zeitproblem ein Komplexitätsproblem: Nicht die Zeit ist knapp, sondern wir wollen zu viele Dinge in ihr erledigen. Die neue Zeitkultur des 21. Jahrhunderts wird deshalb nicht vom romantischen ›Prinzip Langsamkeit‹ geprägt, sondern von einer Diversifizierung von Zeitrhythmen: Beschleunigte Zeiten, in denen wir hohe Kreativität (Flow) erleben, ohne auf die Uhr zu schauen, wechseln mit Perioden, in denen wir uns regenerieren und ›entschleunigen‹. Die Lust an der Geschwindigkeit, an höherer Intensität, existiert in uns allen – aber auch die Sehnsucht nach Verzögerung und Aus-Zeiten. Echtzeit und Schneckenzeit schließen sich in der Zukunftsgesellschaft nicht aus« (Horx 2001, S. 118).

Dem heutigen Veränderungs- und Geschwindigkeitszwang steht so auch die bewußte Gegenerfahrung von Langsamkeit, Ruhe und Gelassenheit gegenüber, die gerade durch den Schnelligkeitswahn ausgelöst und entdeckt wurde. Die fernöstliche Weisheit des Taoismus »Wenn Du es eilig hast, mache einen Umweg« realisiert sich hier in einer neuen westlichen Wahrnehmungs- und Anwendungsform.

Bei dem damit verbundenen neuen – um nicht zu sagen ungewohnten – Umgang mit Zeit wird das Denken in Quantitäten als überholt eingestuft. Denn das quantitative Streben allein führt immer weniger zum Erfolg. Ein qualitatives Element muß hinzukommen. Dafür ist der Umgang mit der Zeit ein treffendes Beispiel. So entsteht auch ein anderes Bewußtsein des persönlichen Zeitbesitzes, das den üblichen und bisher dominierenden Rationalitätsbegriff grundsätzlich in Frage stellt. Rationalität wird und kann nicht länger als Gewißheit identifiziert werden. Auch Qualität, wenn sie umfassend sein soll, erfordert ein bestimmtes Tempolimit. Aber der Virus der Hektik und Ungeduld, von dem sich viele allzu schnell anstecken lassen, macht meistens die möglichen Qualitätsgewinne zunichte.

Der persönliche Zeitbesitz jedes einzelnen von uns rückt so in ein anderes Licht. Unter Achtung und Aneignung physischer, psychischer und sozialer Geschwindigkeitsbedürfnisse stellt Langsamkeit so verstanden eine Art Vorbereitung (Rüstzeit) für die Synchronisation unterschiedlicher Geschwindigkeiten und verschiedenartiger Aktivitäten dar. »Den größtmöglichen Nutzen mit dem möglichst geringsten Aufwand« oder »mehr mit weniger erreichen«, diese hinlänglich bekannte Forderung des ökonomischen Prinzips, Grundlage unseres Wirtschaftens, heißt übertragen auf den Einsatz der persönlichen Zeit:

- Entbindung aus Zeitzwängen,
- neue Fähigkeiten im Umgang mit unterschiedlichen Geschwindigkeiten,
- unterschiedliches Erleben der Zeit,
- Rückgewinnung der Zeitsouveränität,
- bewußte Momente der Ruhe,
- Rastplatz zur Neuorientierung und
- Tankplatz für neue Kraftreserven.

Unseren Umgang mit Zeit müssen wir deshalb um neue Dimensionen des Zeiterlebens und des Zeiteinsatzes erweitern mit dem Ziel, eine tragfähige Balance im Zeitverständnis zu erreichen und den rasanten Wandel sowie die vielfältigen Veränderungen in allen Bereichen zu begreifen. Dazu müssen wir uns Zeit nehmen,

- um unsere knappste Ressource Zeit neu zu entdecken,
- um den Umgang mit Zeit neu zu bewerten,
- um Nuancen und Unterschiede, aber auch Signale von außen wahrzunehmen und
- um Abstand, Distanz und die Möglichkeit zur Reflexion zu gewinnen.

Der Grundsatz der Lehre des griechischen Sophistikers Protagoras »Der Mensch ist das Maß aller Dinge« trifft deshalb heute mehr denn je auf alles zu, was wir tun. So hängt der Erfolg eines Unternehmens entscheidend von den Menschen ab, die für das Unternehmen arbeiten, es gestalten, sowie von dem Geist, in dem sie dies tun. Denn Menschen machen Wandel und Menschen entwickeln Unternehmen, Organisationen und Gesellschaften. Aber ohne Menschen wird es keine Organisationen geben, können Unternehmen nicht existieren.

Die Erkenntnisse aus unterschiedlichen Fachrichtungen und Disziplinen können uns hier zu einer fruchtbaren Symbiose für die Bewältigung der vor uns liegenden Aufgaben führen. So wissen wir beispielsweise aus der Biologie, daß die Redundanz eines der entscheidenden Prinzipien für die Funktionssicherheit eines Systems ist. Nur haben wir bis heute zu wenig über die Funktionssicherheit des Systems Unternehmen und des Systems soziale Organisation nachgedacht. Deshalb ist unser Wissen darüber auch nicht besonders ausgeprägt.

Offensichtlich haben wir Angst, uns von unserem deterministischen kausalen Weltbild zu trennen. Wir klammern uns an das Gewohnte, an das Funktionale, Strukturierte, Logische und Lineare. Wir vergessen dabei, daß dies nicht mehr mit der täglich erlebten Realität konform geht, besonders weil wir heute eine ständige Berührung und Konfrontation mit anderen Kulturen und Wertesystemen haben und damit immer schnelleren Veränderungen ausgesetzt sind.

Der Umgang mit Zeit

Den Einsatz unserer Zeit und unser Tun sollten wir also nicht dem Zufall, den täglichen Routinen und Abläufen oder den wachsenden Turbulenzen überlassen: Nicht mehr *was ich erreiche,* sondern *wie ich es zu erleben verstehe,* nicht mehr *über was ich verfüge,* sondern *wer ich dabei bin und bleibe,* sollte unser künftiges Handeln bestimmen, wenn wir nicht den auf uns einstürmenden Ereignissen einfach ausgeliefert sein wollen.

Wir sollten uns auch stärker bewußt machen, wie wir unsere Zeit für die unterschiedlichen Dinge und Aktivitäten einsetzen, das heißt, uns klar machen, was wir schnell und was wir bewußt langsam erledigen wollen und können. Die Katze kann uns dabei mit ihrem typischen Verhalten ein gutes Beispiel geben und einen Weg zeigen: Lange Zeit verweilt sie regungslos, konzentriert und einen Punkt fixierend, bevor sie blitzschnell und gezielt losspringt, um eine Beute zu erhaschen. Oder der Bogenschütze: Er bereitet sich langsam, alle Sinne auf das Ziel ausrichtend, vor, um dann seinen Pfeil genau ins Ziel zu schleudern.

Mangelhafte Wahrnehmung kann also nie Zeitgewinn sein, sondern nur Zeitverlust. Langsamkeit ist, wie die Katze und der Bogenschütze uns zeigen, Voraussetzung für sicheres Zupacken und wohlbedachte Entscheidungen. Hektischer Aktionismus kostet in der Regel auch sehr viel mehr Geld als wohlüberlegte Handlungen.

Es gibt eine Dialektik, wie Nadolny feststellt, die zu durchschauen lohnend ist: »Was in Monaten vorbereitet wurde, zahlt sich in Minuten aus, und was in Sekunden falsch gemacht wird, beeinflußt ganze Jahre negativ. Daher ist es angebracht, sich sowohl auf Jahre, als auch auf Sekunden einzurichten ... Der Führungsstil, der sowohl das vertraute Dauernde als auch den Umgang mit plötzlichen Gefahren (und Chancen) integrieren kann, ist wache, vibrierende Langsamkeit.«

In dem uns beherrschenden Geschwindigkeitsrausch vergessen wir jedoch häufig, daß Schnelligkeit allein nicht immer erfolgsentscheidend ist, sondern oft einhergehen muß mit Langsamkeit und Gelassenheit. Nadolny hat auch dazu ein anschauliches Beispiel: »Die Arbeit auf dem Schiff beobachtete John sehr genau. Er ließ sich auch beibringen, wie man Knoten macht. Er stellte einen Unterschied fest: Beim Üben schien es mehr darauf anzukommen, wie schnell man einen Knoten fertig hatte, bei der wirklichen Arbeit aber darauf, wie gut er hielt.«

Und ich darf an dieser Stelle den Schweizer Bundesrat, Moritz Leuenberger, aus seiner Rede zum 30. St. Galler Management Symposium zitieren: »Die jeweilig angemessene Geschwindigkeit zu finden, die den Entwicklungsprozeß vorantreibt, ihn und sein Resultat aber nicht gefährdet, ist die stetige Aufgabe aller, die unsere Gesellschaft prägen, ob in Wirtschaft oder Politik – eine schwierige Aufgabe, eine Kunst, die Kunst der richtigen Tempi.«

In einer hektischen und immer unüberschaubarer werdenden Welt kann es an der Notwendigkeit von ruhenden, Orientierung gebenden Polen keine Zweifel geben. Dabei ist nicht die Langsamkeit an sich interessant, sondern das damit verbundene enorme kreative Potential, das in Zukunft noch dringender gebraucht wird zur langfristigen Sicherung unser aller Überlebensfähigkeit.

Literatur:

Georges Fülgraff: Entschleunigung, in: K. Backhaus/H. Bonus (Hrsg.): Die Beschleunigungsfalle oder der Triumph der Schildkröte, Stuttgart 1994, S.47–65

Matthias Horx: Arbeit, Freizeit und Leben in der mobilen Kommunikationsgesellschaft des 21. Jahrhunderts, in: Rudi Lamprecht (Hrsg.): Zukunft mobile Kommunikation – Wirklichkeit und Vision einer technischen Revolution, Frankfurt a.M. 2001, S. 101–151

Andreas Lukas: Mut zur Langsamkeit: Die Abkehr vom Tempowahn?, in: Der Ratgeber KMU, 1998, OBSERVA St. Gallen-Genf, S. 49-50

Andreas Lukas: Abschied von der Reparaturkultur – Selbsterneuerung durch ein neues Miteinander, Frankfurt/Wiesbaden 1995

Andreas Lukas: Langsamkeit und Turbulenzen – Warum wir ein neues Zeitverständnis brauchen, in: Management 1993 – Ein Lesebuch, hrsg. von A. Lukas/U. M. Vetter, Wiesbaden 1993, S. 235–242

Klaus-Peter Möller: Vor uns die guten Jahre – Europa von einem neuen wirtschaftlichen Aufschwung, München 1992

Sten Nadolny: Die Entdeckung der Langsamkeit, München 1983

Fritz Reheis: Die Kreativität der Langsamkeit. Neuer Wohlstand durch Entschleunigung, Darmstadt 1996

Dana Schuppert/Andreas Lukas (Hrsg.): Langsamkeit entdecken, Turbulenzen meistern – Wie Sie sich für turbulente und dynamische Zeiten rüsten können, Wiesbaden 1992

»Time«: Dokumentation zum 30. ISC-Symposium an der Universität St. Gallen vom 25.–27. Mai 2000

Alvin Toffler: Machtbeben – Wissen, Wohlstand und Macht im 21. Jahrhundert, Düsseldorf/Wien/New York 1991

Wenn er im Zug ist, hat er seinen Kollegen im Büro an der Strippe, wenn er im Büro sitzt, hat er seinen Kollegen im Zug an der Strippe, wenn er in Spanien ist, telefoniert er mit seinen Kindern immer abends, wenn er bei seinen Kindern abends ist, telefoniert er immer mit Spanien, wenn er bei seiner Freundin ist, denkt er an seine Arbeit, wenn er bei seiner Arbeit ist, denkt er an seine Freundin, wenn er schlafen sollte, bleibt er wach, wenn er wach sein sollte, schläft er. Heute lebt er im Morgen, morgen lebt er im Übermorgen. Immer da nicht sein dürfen, wo man gerade ist, und dort sein müssen, wo man gerade nicht ist, ist das der Vorteil, für den wir in den letzten Jahren so hart gearbeitet haben? Wer kann heute noch an *einem* Ort, zu *einer* Zeit verharren, ohne mit Handy, Laptop, Bildschirm jeder Art sich schnell wieder aus der Unerträglichkeit des Momentes des Hier und Jetzt entreißen zu müssen (um dann doch nur die noch größere Unerträglichkeit des anderen Ortes zu erleben, an dem man sich gerade nicht befindet)? Wann geht uns der Spaß an dieser Lebensweise aus? Wieviel mußten wir investieren, um diese »Umkehrung« zu erreichen? Wieviel müßten wir dem bezahlen, der uns wieder zurückholen könnte?

Wenn er im Zug ist, dann wäre er im Zug, wenn er im Büro ist, dann wäre er im Büro, wenn er in Spanien ist, dann wäre er in Spanien, wenn er bei seinen Kindern ist, dann wäre er bei seinen Kindern, wenn er bei seiner Freundin ist, dann wäre er bei seiner Freundin, wenn er schläft, dann würde er schlafen, wenn er wach ist, dann wäre er wach.

Johannes Czwalina

Während meiner langjährigen Beschäftigung als Farbenchemiker in der Industrie war wenig Raum für meine musischen Neigungen. Erst eine Krise in der Farbenindustrie, die auch mein persönliches Arbeitsumfeld beeinflußte, führte mich 1976 zurück zu meiner schon in früher Jugend vorhandenen Begabung für die Malerei. Die Krise führte zur Befreiung aus dem Diktat des harten einseitigen Kampfes um Umsatz und Arbeitsplatz. Ein neues Leben öffnete sich.

Ich begann zu zeichnen, zu malen, mit Ölfarbe, mit Kreide und vor allem mit Aquarellfarben. Begegnungen mit großen Aquarellmalern wirkten bestimmend. Meine Erfahrungen als Farbenchemiker waren mir dabei eine wertvolle Hilfe. Hunderte von Studienblättern entstanden, und mehr und mehr vertiefte ich mich in die Technik der Aquarellmalerei. Ich wurde Blumen- und Landschaftsmaler.

In der heutigen Zeit über Gefühle und Empfindungen zu schreiben, ist nicht leicht. Viel leichter ist es, über Umsätze, Aktiengewinne und Unfälle zu berichten. Auch die Malerei ist in diesen Strudel geraten. Auf vielen Bildern unserer Zeit wird Chaos von Dingen und Menschen gezeigt, oft wütend auf die Leinwand oder das Papier gebracht. Kunstexperten meiden ein »schönes« Bild wie Pech und Schwefel. Woher kommt dieser Widerspruch? Ist er ein Ausdruck unserer Zeit?

Der Lärm und das Geschrei um Gewinnmaximierung und Shareholder Value haben unseren Blick für die Schönheit der Schöpfung getrübt. Unbeschadet von dieser Entwicklung dürfen wir aber die einmalige Erneuerungskraft der Natur mit ihrer Konstanz immer wieder miterleben.

Meine Blumen- und Landschaftsbilder bezeichne ich oft als »Oasen der Stille«. – Der Augenblick der vollen Blüte ist bei den Blumen eine Verschwendung von Farbe, ein unerhörter Luxus. Von den »Wunderkindern« der Natur geht reine Sinnesfreude aus. Alles an Blumen ist sichtbar für menschliches Denken, doch unbeschreiblich. – Blumen verwelken schnell, ihre Schönheit ist nur von kurzer Dauer. Aber sie werden auch dann noch blühen, wenn alle Diskussionen über das Diktat des Marktes vorbei sind.

Die Schönheit und Tiefe des Augenblicks, welche schon Manet in seinen unvergleichlichen Bildern darstellte, möchte ich auch Ihnen, liebe Freunde, mit den in diesem Buch abgedruckten Aquarellen übermitteln. Das Gefühl der Ruhe, das sich beim Begehen eines schönen Gartens einstellt, ist viel wertvoller als der Lärm und die Unrast unserer Zeit.

Franz Somm

Aquarellmaler, Riehen, Schweiz; in einem Brief an den Autor im Juli 1999.

Mehr Stille

Ich möchte Ihnen einen banalen Rat geben: Nehmen sie sich pro Woche eine Stunde Zeit zum Nachdenken. Rüsten Sie sich mit einem Stuhl aus und begeben sie sich allein in den Garten oder in ein abgesondertes Zimmer. Nehmen sie kein Telefon mit, kein Buch, keine Musik, keine Zeitung, keine Agenda, nur sich selbst. Sie befinden sich in einer wichtigen Vorstandssitzung mit sich selbst. Denken Sie über Ihre Pläne nach, über Ihre nächsten Schritte, und welche Folgen diese Schritte für Sie und Ihre Familie haben, und welche Folgen die Folgen haben, und welche Folgen die Folgen der Folgen haben.

Haben sie nun den Mut, eine eigene, intime Bilanz aufzustellen, bei der Sie neben Ihrem eigentlichen Berufsleben auch Ihr Privatleben, Ihre Motive und die Entwicklung Ihres eigenen Charakters mit einbeziehen.

Zur dieser Bilanz gehört auch, sich selbst einige selbstkritische Fragen zu stellen:

Welches sind meine persönlichen Lebensmotive?
Ehrgeiz? Macht? Selbstverwirklichung? Geld? Verantwortungsbewußtsein?

Welchen Preis bin ich bereit, für meine Karriere zu bezahlen?
Zeit? Familie? Hobby? Gesundheit? Ethische Handlungsmaximen?

Welche Rolle spielt mein Gewissen in meinem Alltag?
In welchen Bereichen bin ich abgestumpft und habe früher sensibler empfunden?

Bin ich vorbereitet, einen Erfolg hinzunehmen, ohne überheblich zu werden?

Einen Mißerfolg zu erleben, ohne mich entmutigen zu lassen?
Eine Kritik zu ertragen, ohne beleidigt zu sein?
Ungerechtfertigte Verleumdung auf mich zu nehmen und richtig darauf zu reagieren?
Den Verlust meiner Arbeit zu erleben, ohne damit meinen Lebenssinn einzubüßen?
Einsamkeit zu gestalten?

Kann ich die Frage nach dem Sinn meines Lebens beantworten?

In einer Zeit, die von Produktivität und Wachstumsraten, von Geld und Lebensstandard spricht, in einer Zeit, die in den Kategorien von Macht und Erfolg denkt, die einem übersteigerten Machbarkeitswahn und Fortschrittsglauben huldigt, heißt es, jene vita contemplativa entgegenzuhalten, die es uns ermöglicht, Distanz und Zeit zu gewinnen, damit wir uns auf das Wesentliche unserer Existenz besinnen können.
Die Zeit ist ein sehr materialistischer Wert geworden. Unsere Väter lebten in einer Produktionsgesellschaft, die uns materiellen Reichtum gebracht hat. Das Informationszeitalter macht aus unserer Gesellschaft immer mehr eine Wissensgesellschaft, für die Zeit einer der größten Werte ist; sie wird mittlerweile feilgeboten wie in der Nachkriegszeit die Kartoffeln. Die Telefongesellschaften verkaufen nichts anderes als Zeit. Sie streiten um den Preis jeder Sekunde und Minute. Sie rechnen mit uns die Zeit ab.

Erfolgreiche Menschen finden immer wieder Zeit für Stille und Entspannung. Wer denken und sich konzentrieren will, muß abseits von Dingen und Sachzwängen und auch von Menschen stehen. Die Fähigkeit zur Entspannung bedeutet die Bereitschaft zum Abschalten. Wer Stille konsequent praktiziert, findet leichter zur Konzentration. Die freien Zeiträume zum Nachdenken werden immer kleiner, und viele vernachlässigen es, sich diese zu erkämpfen. Positive Veränderungen ohne Zeit zum Nachdenken sind aber meistens fast unmöglich.

In den alten Orden, z.B. bei den Jesuiten, ist die Zeit zum Nachdenken ein wesentlicher Bestandteil des klösterlichen Lebens. Bei ihnen wird zweimal pro Tag 15 Minuten in Stille nachgedacht, jährlich einmal eine Woche und zweimal 30 Tage in einem Leben. Darüber hinaus legt jeder, der dem Orden angehört, einmal ein Sabbatjahr ein. Diese Art von Meta-Reflexion fehlt in den Unternehmen und im Leben der meist oft so kurzfristig erfolgreichen Manager. Das jüngste Buch des deutschen »Zeitmanagement-Papstes« Lothar J. Seiwert mit dem Titel »Wenn Du es eilig hast, gehe langsam. Das neue Zeitmanagement in einer beschleunigten Welt« (Frankfurt/New York 1999) greift dieses Problem ebenfalls auf. Es stellt den Übergang dar vom reinen Zeitmanagement zu einem ganzheitlichen Lebensmanagement, dessen Ziel die Balance zwischen den vier wichtigsten Lebensbereichen – Beruf, Familie, Gesundheit und der Frage nach dem Sinn – ist.

Auch zwischen den verschiedenen Lebensabschnitten, durch die heute ein Mensch viel mehr als früher gehen muß, gibt es Leerzeiten. Viele neigen dazu, sich übergangslos sofort in neue Aktivitäten, Bindungen und Beziehungen zu stürzen. Doch diese Übergangszeiten sind äußerst wichtig für die Psyche. In diesen Zeiten kann Selbsterkenntnis wachsen. Man kann manches schärfer sehen und seine Umwelt sensibler wahrnehmen. Man kann Distanz zum Alltag gewinnen und Lebensmuster ändern. Man kann hinter die Dinge schauen und Lebensweisheit lernen. Viele können das aber nicht und setzen sich in diesen Auszeiten selbst unter Druck. Sie können das Gefühl der Leere, vielleicht der Melancholie nicht ertragen. Welche Pflichten haben mich bisher beeinflußt? Habe ich gelebt, um Erwartungen zu erfüllen? Was wäre, wenn mein Leben heute endete? Was bliebe ungelebt, was wäre vollendet, was würde ich in einem Nachruf über mich selbst schreiben? Wir sollten diese Auszeiten als wichtige Erziehungsprozesse annehmen. Nach der Erziehung durch die Schule und das Elternhaus kommt ja zunächst eine leere Zeit, eine Zeit ohne fremde Erziehung. Wir sollten uns dann als erwachsene Menschen nicht nur von unserer Arbeit, unserem Chef, unseren Kunden oder unserem Umfeld erziehen lassen. Wir sollten vielmehr die Selbsterziehung als Prozeß aktiv mitgestalten. Gerade in solchen Prozessen des Wandels läßt uns die Selbsterziehung reifen, und das ist wichtig für unsere Charakter- und Herzensbildung.

Nimm dir den Käse zum Vorbild. Wenn man sich Zeit nimmt und das pflegt, was man machen will, kommt das, was man braucht, von selbst.

Rolf Beeler

Maître Fromager, 46, zwei Kinder; aus einem Beitrag im Tagesanzeiger, Das Magazin Nr. 30., 29. Juli – 4. August 2000: »Die Werte der Schweiz«.

Ich sehe meine erwachsenen Kinder, meine Großkinder und meine Musikschüler; ich sehe eure kurz bemessene Zeit; und ich sehe, wie neben all den Aktivitäten so wenig Muße mehr bleibt, das Leben heute zu genießen, Wärme aufzutanken für sich und zum Weitergeben an andere. Ich wünschte, ihr könntet für euch das Rad ein wenig langsamer drehen lassen; ich wünschte, ihr könntet nach rechts und links schauen, da und dorthin ein frohes Lachen schicken und von da und von dort einen frohen Gruß zurückerhalten.

Vreni Hunziger-Häfeli

Musiklehrerin und Leiterin einer Selbsthilfegruppe für Alzheimer-Patienten und ihre Angehörigen, 58, vier Kinder; aus einem Beitrag im Tagesanzeiger, Das Magazin Nr. 30., 29. Juli – 4. August 2000: »Die Werte der Schweiz«.

Wenn ich noch einmal leben könnte, würde ich von Anfang an mehr darauf achten, meine tiefste Lebensmelodie zu erspüren und dieser Spur zu folgen. Durch meine Eigenwilligkeit habe ich manches verzögert, innere gute Impulse und Warnungen habe ich oft überhört.

Schwester Käthe

Kommunität Schloß Craheim/Unterfranken, geboren 1929; in einem Brief an den Autor vom 8. Mai 1999.

Freiheit ist kein Naturgesetz, es ist eine zarte, zerbrechliche Pflanze, die unserer Pflege bedarf. Eine Bedrohung von Freiheit und Demokratie erwächst aus der Sturzflut von Informationen, die wir geistig nicht mehr bewältigen können. Schaffe dir Oasen der Zeitlosigkeit für die Erholung von Gehirn und Gemüt. Nimm dir Zeit, sonst nimmt sie dich.

André Lambert

Geologe und Beauftragter für Endlagerprojekte der Nasa, 53; aus einem Beitrag im Tagesanzeiger, Das Magazin Nr. 30., 29. Juli – 4. August 2000: »Die Werte der Schweiz«.

Mehr Loslassen

Ein Mann fragte den anderen bei der Beerdigung eines gemeinsamen Freundes: Wieviel hat er hinterlassen? Antwortet der andere: Er hat alles hinter sich gelassen.

Der amerikanische Franziskanerpater Richard Rohr (»Von der Freiheit loszulassen. Letting Go«, München 1997) meint hierzu: »Alle Spiritualität ist die Lehre vom Loslassen: Alle kontemplativen Lehrer führen uns in diese Richtung, und wir müssen endlich auch den Mut haben, uns auf einen eigenen Weg zu schicken, und zwar mit allen Risiken. Der Weg führt in die Freiheit, und er heißt: ›Letting go!‹«

Nur das innere »Loslassen-Können« gibt uns schließlich die nötige Freiheit und Souveränität, damit sich auch unser Blick für andere Menschen ändern kann. Der Mensch, der losläßt, stellt nicht mehr Platzhalter auswechselbarer Schnittpunktfunktionen dar, die allein nach dem Prinzip momentaner Nützlichkeit definiert sind.

Loslassen fällt demjenigen leicht, der sich nicht selbst als letzte Instanz betrachtet, sondern als Verwalter eines Gutes, das ihm anvertraut ist, auch wenn einen Niederlagen schmerzen und Siege stolz machen können. (Vgl. hierzu auch 1. Korinther 7, 29–31 und 16,19 ff.)

Viele stellen sich viel zu wenig die Frage, was sie loslassen müssen.

Der Wandel erfordert es, daß das Alte schnell abgelegt werden muß. Der Abschied von dem, was früher einmal nützlich war, muß heute ganz schnell, gründlich und ständig neu geschehen. Viele sind voll von Schutt und Streß des Alltags, nehmen sich keine Zeit der Abfallentsorgung, und sie wissen auch nicht, wie es funktioniert. Wie soll man denn z.B. Verletzungen, Demütigungen, Verleumdungen, Verurteilungen einfach so loswerden. Daß der innere Prozeß genauso wesentlich ist und eingeübt werden muß wie das Aufräumen und tägliche Entsorgen im eigenen Büro, ist vielen nicht bewußt, aber man sieht ihnen an, daß sie an dem Unvermögen, dies zu tun, leiden.

Menschen werden in der Zukunft viel häufiger in Situationen des Abschiednehmens und des Loslassens kommen. Auch wenn viele diese Veränderung theoretisch durchaus gelassen zur Kenntnis nehmen, sind sie doch täglich mit ihrem Unvermögen dazu in der Praxis konfrontiert. Leider sind wir in unserer Erziehung vor allem auf Sicherheiten geprägt worden. Die Folge dieses Unvermögens ist, daß Menschen Verletzungen und Verbitterungen konservieren und jahrelang nicht überwinden können. Es bedarf darum einer neuen Kultur des Loslassens.

Psychische Gesundheit und Lebensglück für die kommenden Phasen hängen davon ab, wie man die Übergänge zwischen den Phasen meistert. Umzüge, Trennungen, Arbeitslosigkeit, Scheidung, Berufswechsel und Krankheiten folgen ständig aufeinander, und der einzelne hat immer weniger Zeit, die innere Verarbeitung zu bewältigen.

Besonders die Phase des Loslassens in den Wendepunkten des Lebens ist immer eine kritische Phase. Diese Übergänge kann man verpatzen. Man kann im Alten steckenbleiben und den ganzen Ballast in die neue Lebensphase hinüberschleppen. Dem modernen Menschen sollten nicht nur ständige Wechsel zugemutet werden, die ja geradezu ein Markenzeichen postmoderner Lebensläufe sind, sondern ihm sollte für die Wechsel auch das Handwerkszeug mit auf den Weg gegeben werden. Wer eine gravierende Veränderung zu schnell hinter sich bringt, riskiert psychische Probleme.

Wirksame Menschen reservieren sich Zeiten, in denen sie sich gründlich die Frage stellen: »Was sollte ich nicht mehr tun«? Sei es, daß sich die Dinge überlebt haben, daß man über die Dinge hinausgewachsen ist, sei es, daß man sich in eine andere Richtung entwickeln will, sei es, daß es bessere Methoden gibt, sei es, daß es Wichtigeres zu tun gibt. Was muß ich loslassen, und wie kann ich es loslassen?

Man sollte nicht nur eine Liste anfertigen, auf der alles steht, was man in nächster Zeit erreichen will, sondern auch eine Liste, auf der aufgeführt ist, was man ablegen und streichen möchte. Wir haben durch unsere Erziehung zu sehr gelernt, Sachen zu sammeln und anzuhäufen, und viel zu wenig gelernt, loszulassen, zu geben und Ballast abzuwerfen.

Loslassen heißt: Erst muß etwas verlernt und entsorgt werden, bevor etwas Neues gelernt werden kann. Wir haben ein Entsorgungsproblem. Es liegt so viel Müll auf den Seelenstraßen der Menschen herum. Der Verlust der Gewohnheiten muß verkraftet werden (Wohnungswechsel, Trennung, Ortswechsel, veränderte Lebensumstände etc.). Der Verlust der Identität muß verkraftet werden, die mit dem anderen Lebensbild verbunden war. Der Verlust von Illusionen muß verkraftet werden. Treuebrüche von Freunden und Vorgesetzten, die ihr Wort nicht hielten, müssen verkraftet werden. Menschen, die das nicht geschafft haben, bleiben oft ihr Leben lang verbittert, zynisch und chronisch mißtrauisch.

Konsequenz des Loslassens: Gelassenheit

Wer loslassen kann, kann Gelassenheit entwickeln. Voraussetzung für Gelassenheit ist eine Haltung, die nicht auf den eigenen Vorteil bedacht ist. Es geht um Uneigennützigkeit zugunsten des größeren Ganzen. Eine solche Persönlichkeit kann annehmen, was kommt und was geht, und kann annehmen, wie es kommt und wie es geht. Sie hindert weder das Vergehende am Gehen noch das Kommende am Kommen. Derjenige, der gelassen ist, hat somit die Hände nicht voll, sondern frei für das, worauf es ankommt.

Unser gemeinsames Leben war wunderschön, und ich denke jetzt oft darüber nach. Manchmal schließe ich die Augen und sehe Dich vor mir, wie Du auf der Veranda sitzt und Gitarre spielst, während die Kleinen um Dich herumsitzen und zu Deiner Musik klatschen.

Du bist ein weit besserer Vater, als Du weißt.

Es gibt so vieles, das ich an Dir liebe, besonders deine Leidenschaft für die Dinge, die das Leben lebenswert machen. Liebe, Poesie, Freundschaft, Schönheit, Natur. Und ich bin glücklich darüber, daß Du auch die Kinder diese Dinge gelehrt hast, denn ich weiß, daß es ihr Leben bereichern wird.

Ich weiß, daß es oft nicht leicht mit mir war. Es bedarf eines ganzen Mannes, mit so jemandem wie mir zusammenzuleben. Und Du hast es ertragen. Fünfundvierzig Jahre. Wundervolle Jahre.

Du bist mein bester Freund und mein Geliebter, und ich weiß nicht, welche dieser beiden Seiten ich am meisten schätze. Wenn ich Dich heute anschaue, sehe ich so viel Güte in Dir.

Ich weiß wohl, Du hieltest mich für verrückt, als ich darauf bestand, unsere Lebensgeschichte aufzuschreiben, bevor wir schließlich unser Haus für immer verließen. Aber ich hatte meine Gründe, und ich danke Dir für Deine Geduld. Und obwohl Du mich danach fragtest, habe ich Dir den Grund nie verraten. Aber jetzt, so glaube ich, ist es an der Zeit, daß Du ihn erfährst.

Wir haben ein Leben gelebt, von dem die meisten Paare nur träumen können, und dennoch fürchte ich, wenn ich dich ansehe, daß dies bald zu Ende sein wird. Denn wir beide kennen den Verlauf meiner Krankheit und wissen, was das für uns bedeutet. Ich sehe Tränen in Deinen Augen und mache mir mehr Sorgen um Dich als um mich, weil ich den Schmerz fürchte, den Du durchleben wirst. Mir fehlen die Worte, um meinen Kummer darüber auszudrücken.

Ich liebe Dich so sehr, daß ich, trotz meiner Krankheit, einen Weg finden werde, um zu Dir zurückzukehren, das verspreche ich Dir. Und hier nun kommt unsere Geschichte ins Spiel. Wenn ich verloren und einsam bin, dann lies mir diese Geschichte vor; und sei gewiß, ich werde irgendwie merken, daß es unsere Geschichte ist. Und vielleicht, ja, vielleicht, finden wir einen Weg, wieder zusammen zu sein.

Bitte sei mir nicht böse, wenn ich Dich an manchen Tagen nicht erkenne. Wir beide wissen, daß uns solche Tage bevorstehen. Sei gewiß, daß ich Dich liebe, Dich immer lieben werde und daß ich, was auch kommen mag, das denkbar schönste Leben gelebt habe. Mein Leben mit Dir.

Und wenn Du diesen Brief aufbewahrst, um ihn wieder zu lesen, so glaube, was darin steht. Ich liebe Dich jetzt, während ich ihn schreibe, und ich liebe Dich jetzt, während Du ihn liest. Und es tut mir leid, daß ich es Dir nicht mehr sagen kann. Ich liebe Dich aus tiefstem Herzen, Du bist und warst stets mein Traum.

NN

Brief einer Frau an ihren Mann zu Beginn ihrer Alzheimer-Krankheit; in: Sparks, Nicholas: Wie ein einziger Tag, München 1996, S. 216–218.

Es scheint ein Ausdruck der Selbstgefälligkeit zu sein, wenn ich sage, ich bin für mein Leben dankbar und ich bin mit meinem Leben zufrieden. Ich meine damit nicht, daß ich immer richtig gehandelt und recht entschieden habe. Und es gibt sicher auch Menschen, die ich enttäuschte. Aber ich durfte in meinem Leben Wege gehen, die ich nie erwartet habe, und Höhepunkte erleben, ohne hierfür den Preis einer Selbstaufgabe bezahlen zu müssen.

Ich hatte den Segen einer glücklichen Partnerwahl und das Glück einer Familie, die noch diesem Namen gerecht wird.

Verglichen mit diesen großen Geschenken des Lebens sind die Grenzen an Gesundheit und körperlicher Leistungskraft nur kleine Erinnerungen an die, dem Leben von Natur aus zugehörenden, Begrenzungen, die es erleichtern, von der Vergangenheit loszulassen, schlicht und ehrlich danke zu sagen und zu hoffen, daß in der Endabrechung des Lebens das Gute, das ich nicht getan habe, nicht zu schwer wiege.

Dr. Rudolf Kirchschläger

Alt-Bundespräsident von Österreich 1974–1986, lebte von 1915 bis 2000, Wien; in einem Brief an den Autor vom Oktober 1998.

Liebe amerikanische Mitbürger, kürzlich habe ich erfahren, daß ich zu den Millionen Amerikanern gehöre, die an der Alzheimerschen Krankheit leiden. Nancy und ich mußten nun entscheiden, wie wir mit dieser Nachricht umgehen sollten – ob wir sie für uns behalten oder sie veröffentlichen sollten … Im Augenblick fühle ich mich noch hervorragend. Ich habe vor, in den Jahren, die Gott mir auf dieser Erde noch schenkt, so zu leben wie immer. Ich werde meinen Lebensweg mit meiner geliebten Nancy und meiner Familie weitergehen. Ich werde weiterhin die freie Natur genießen und mit meinen Freunden und Unterstützern in Verbindung bleiben. Das Traurige an der Alzheimerkrankheit ist, daß sie, je weiter sie fortschreitet, der Familie des Betroffenen oft eine schwere Last aufbürdet. Ich wünsche nur, ich könnte Nancy diese schmerzliche Erfahrung ersparen. Aber ich bin überzeugt, sie wird sich, wenn die Zeit kommt, dem mit Ihrer Hilfe und mit Gottvertrauen stellen. Zum Schluß möchte ich Ihnen, dem amerikanischen Volk, für die große Ehre danken, daß ich Ihnen als Präsident dienen durfte. Wenn der Herr mich heimruft, wann immer das sein wird, so werde ich mich verabschieden mit der größten Liebe zu unserem Land und mit ungebrochenen Hoffnungen für seine Zukunft. Ich beginne nun die Reise, die zum Sonnenuntergang meines Lebens führt ... Vielen Dank, meine Freunde. Möge Gott Sie immer schützen.

Ronald Reagan

Von 1980 bis 1988 Präsident der Vereinigten Staaten von Amerika; in: Die Zeit, Oktober 1994.

Zukunft

Mehr Bleibendes

Alles, was wir tun, ist gewissermaßen ein Ausdruck unseres Bemühens, die »Endlichkeit« zu überwinden. Was unsere Unruhe vorantreibt, ist: Wir können weiter denken, als der Raum es zuläßt, in dem wir stehen. Gleichzeitig nehmen wir die Unfähigkeit war, den Raum zu durchbrechen. Das ist unser menschliches Dilemma. Das Verlangen nach bleibenden Ersatzwerten hat nun viele »Fenster«:

Im Bedürfnis nach Qualität und Lebensdauer
Wir möchten am liebsten, daß ein produzierter Gegenstand »unendlich« lange hält (unser Haus, unser Auto, unsere Firma, unser Lebenswerk etc.).

Im Bedürfnis nach Liebe
»Ich liebe Dich ›unendlich‹. Liebe mich! Aber wisse, daß mein Liebesbedürfnis unbegrenzt, unstillbar ist.« Weil viele bei diesen Ansprüchen überfordert sind, zerbrechen so viele Beziehungen.

Im Bedürfnis nach Lebensstandard
Wir möchten unsere »unendlichen« Bedürfnisse am liebsten in unseren 70–80 Jahren Lebensdauer unterbringen. Die Folge ist der Egoismus, unter dem wir alle leiden.

Im Bedürfnis nach Haben
Die Habsucht kennt kein begrenzendes Prinzip. Ist Gier und Habsucht fehlgeleitete Sehnsucht nach »Ewigkeit«?

Im Bedürfnis nach Macht
Das Streben nach Einfluß und Größe ist oft eine Kompensation gegenüber dem Gefühl der Ohnmacht, der Bedürftigkeit und der Sterblichkeit.

Als Brückenbauer bin ich gewohnt, bei der Konstruktion drei Fragen zu stellen: Hält das? Trägt das? Bleibt das? Diese Fragen gelten auch für unser Leben. Ein Brückenbauwerk muß in sich selbst genügende Festigkeit aufweisen, eine bestimmte Verkehrslast tragen und auf lange Sicht seinen Aufgaben gerecht werden. Es gibt Parallelen zwischen unserem Leben und dem Weg über eine Brücke, die wir selbst errichten.

Die meisten Menschen verdrängen die Frage nach dem Ende und Ziel des Lebens. Wer ihr aber unvoreingenommen nachgeht, der gelangt an die Grenzen jedes politischen, wirtschaftlichen oder auch psychologischen Bemühens. Ziel und Sinn des Lebens gehören ihrem Wesen nach in einen anderen Bereich. Die Frage geht an uns: Hält das Gedanken- und Weltanschauungsgebäude unseres Lebens? Trägt es die gegenwärtigen und die zukünftig möglichen Belastungen? Bleibt es bestehen?

Zur Antwort brauchen wir mehr als den Versuch eines Brückenschlages. Wir müssen glauben und schließlich in einer innersten Gewißheit erkennen, daß von dem anderen – scheinbar so unbekannten – Ufer, dem wir entgegengehen, eine Brücke schon errichtet ist, auf die wir die unsere ausrichten müssen und von der es dann im umfassenden Sinne gilt: Sie hält, sie trägt, sie bleibt!

Professor Dr. Ing. Sörensen

Aus Anlaß des zwölfjährigen Bestehens der in Deutschland bekannt gewordenen Telefonseelsorge von Dr. Dr. Klaus Thomas begann Professor Dr. Ing. Sörensen aus Freudenstadt im Oktober 1986 seine Ansprache mit diesen Sätzen.

Ich bin kurz vorm Durchdrehen, ich sah gerade tausende Menschen sterben. Heute Nacht gehen Tausende allein zu Bett, weil ihre Liebsten ermordet wurden. Jetzt beginnt es zu regnen, und es ist, als würde eine Wunde gewaschen, damit sie besser heilt. Noch wissen wir nicht, wer von unseren Freunden tot ist. Also warten wir. Und weinen. Und trinken. Am Himmel ist ein großes Loch, wo die Türme standen. Man sollte sie wieder aufbauen, oben mit einer Brücke, die an die Solidarität erinnert, die wir im Angesichts dieses Wahnsinns brauchen …

Moby

Kultmusiker; er schrieb diese Sätze in sein Internet-Tagebuch (www.mobyonline.com) im September 2001.

In den schwersten und dunkelsten Stunden meines Lebens wurde mir der Durchbruch zur Erfindung eines neuen Raumfachwerk-Bausystems geschenkt. Eigentlich habe ich dabei nur einige Gesetzmäßigkeiten aus der Natur abgeguckt, erfaßt und umgesetzt. Aber die Zeit, die mir plötzlich zur Verfügung stand, hat mir die Augen geöffnet für wichtigere Dinge, die ich zuvor im hektischen Alltag übersehen hatte. Mit diesem Bausystem können nun neue und hochwertige Konstruktionen für den Hausbau, den Hallenbau und den Brückenbau in ganz unterschiedlicher Art und Weise realisiert werden. Gemeinsam mit anderen Basler Bürgern wird meine Erfindung in Form einer Brücke über den Rhein sichtbar Gestalt annehmen.

Die erste Brücke zwischen Koblenz und dem Meer wurde 1225 in Basel gebaut. Es war auch eine Holzbrücke. Mit dem Bau dieser Brücke begann Basel eine blühende Stadt zu werden. Gewerbe und Handel konnten sich schnell ausbreiten. Heute ist Basel immer noch eine reiche Stadt. Aber hat diese Stadt auch eine Zukunft? Ja, wenn seine Bewohner bereit sind, einen Teil ihres Reichtums dorthin zu verschenken, wo Armut ist. Das gilt auch für jede andere reiche Stadt dieser Welt. Ansonsten besteht die Gefahr, daß wir uns wie andere Städte im Kreis zu drehen beginnen.

Das Projekt »Basler Brücke für die Welt« schenkt den Bewohnern der Regio Basiliensis die Gelegenheit, an einem Brückenschlag in die Welt mit differenzierter Nachhaltigkeit mitzuwirken. Basel erinnert sich an seine erste Holzbrücke, und Basel baut eine neue Holzbrücke als Geschenk für einen Platz, wo eine Verbindung fehlt, aber aus eigener Kraft nicht realisiert werden kann. Basel baut diese Brücke vorwiegend mit jungen Arbeitslosen aus der Region. Das Projekt will eine Botschaft in die Welt hinaustragen: Wenn wir Brücken bauen für Menschen, die eine Brücke benötigen, bauen wir für uns selbst eine Brücke in eine lebenswerte Zukunft!

David Muspach

Architekt in Basel; in einem Brief an den Autor im September 2001.

Ein Leitgedanke des Christentums besteht doch gerade darin, zwar die letzten und die vorletzten Dinge unterscheiden zu können, aber sie doch zusammen zu sehen, und zwar so, daß es nichts Vorletztes gibt, das nicht unter dem Wissen um das Letzte betrachtet werden müsse. Löwenthal hatte einmal gesagt: Wem keine transzendente Perspektive zur Verfügung stehe, der dürfe deswegen aber nicht die Welt beschimpfen, daß sie endlich ist; und ich ergänze: »und darf auch keine falschen Heilserwartungen an die Endlichkeit aufbauen!« Was bleibt? Die Erfahrung der Endlichkeit. Nicht die Erfolgsgeschichten zählen, sondern die Fähigkeit, immer alles noch einmal ganz anders zu sehen. Erfolge zeigen sich als Niederlagen, Niederlage erweisen sich als Erfolge. Und was wird? Warum fragen wir überhaupt so? Wir jedenfalls sollten es doch wissen, insofern alles »Werden« immer mehr nur noch durch uns selbst und unsere Umtriebigkeiten vorangetrieben wird. Die Frage fällt darum unweigerlich auf uns selbst zurück. Es sind die Fragen der Verlierer und Unterlegenen der Geschichte vor uns, heute und nach uns, die an uns gestellt werden, die wir an uns heranlassen müssen – im Wissen um das Letzte und in einer Welt des Vorletzten, in der es sich für alle immer zu leben lohnt. Ja, es hat sich gelohnt, ein erfülltes Leben und immer alles noch einmal ganz anders sehen können!

Werner Remmers

Politiker, geboren 1930; in: »Was bleibt, was wird«, Werner Remmers zum 70. Geburtstag, Gross Düngen, November 2000.

Mehr Glauben

Es gehört zu unserem menschlichen Wesen, daß wir hoffen. In der Brockhaus-Enzyklopädie findet sich die Definition: »Hoffnung ist eine zukunftsgerichtete Form der Erwartung ersehnter oder erwünschter Zustände.«

Eine das Leben tragende Hoffnung kann nicht von uns selbst ausgehen und können wir uns nicht selber machen oder einreden, sie kann nur von dort aus begründet sein, wo unsere Grenzen überwunden werden. Diese Hoffnung kann auch die größte Hoffnungslosigkeit überwinden und gibt uns die Kraft zu sagen: »Die unbegründetste Hoffnung ist immer noch begründeter als die berechtigtste Verzweiflung.«

Christen und Juden glauben, daß Gott uns bedingungslos liebt – samt unserer Abgründe und dunklen Seiten. Darum brauchen wir uns selbst nicht auszuweichen. Im Licht dieser Liebe kann der Schmerz der Selbsterkenntnis zugleich der Beginn unserer Heilung und Ganzwerdung sein.

Die Zweifel waren immer da. Aber mein Glaube ist das Produkt einer Abwägung: Wenn ich die Gründe für Gott und die Gründe gegen Gott aufliste, überwiegen die Gründe für seine Existenz.

Ja, ich glaube, es geht nach dem Tod weiter. Man kommt mit dem Verstand an eine gewisse Grenze, wie Kierkegaard gesagt hat, an ein diesseitiges Ufer. Dann öffnet sich der Abgrund oder der breite Fluß.

Und wenn man wirklich an Gott glaubt, dann muß man über den Fluß rüber. Der Verstand widerspricht nicht der Existenz Gottes. Es gibt Dinge, die über den Verstand gehen und die auch wichtiger sind als das, was man mit dem Verstand erkennen kann. Ob ich geliebt werde oder nicht, ist für mich viel wichtiger als die Relativitätstheorie oder der gekrümmte Raum.

Für die ganze Welt sind wir zwei nur irgend jemand. Aber für irgend jemanden sind wir möglicherweise die ganze Welt.

Heiner Geißler

Politiker, geboren 1929, verheiratet, Vater dreier Söhne, Generalsekretär der CDU von 1977 bis 1989; in: Tagesanzeiger 8. Juni 2001, Ausschnitt aus einem Gespräch mit Peter Teuwsen: »Glauben oder Saufen«, »Das Magazin« S. 7.

Bei einem Besuch in Leningrad vor einigen Jahren versuchte ich mich auf dem Stadtplan zurechtzufinden, es gelang mir nicht. Zwar hatte ich einige Kirchen gesehen, doch keine Spur von ihnen auf dem Stadtplan. Schließlich kam mir ein Dolmetscher zu Hilfe und sagte: »Wir verzeichnen auf unseren Plänen keine Kirchen.« Ich widersprach und wies auf eine, die deutlich gekennzeichnet war. »Das ist ein Museum«, sagte er, »keine richtige Kirche. Nur richtige Kirchen zeigen wir nicht.« Da ging mir auf, daß ich hier zum ersten Mal eine Karte in den Händen hielt, die vieles von dem, was ich unmittelbar vor mir sehen konnte, nicht zeigte. Meine ganze Schul- und Universitätszeit hatte man mir Karten vom Leben und Wissen gegeben, auf denen nicht die kleinste Spur von den Dingen zu sehen war, die mir am meisten bedeuteten und mir von größter Wichtigkeit für mein weiteres Leben zu sein schienen. Ich erinnere mich, daß ich jahrelang völlig ratlos war, und kein Dolmetscher kam mir zu Hilfe. Diese Ratlosigkeit dauerte an, bis ich nicht mehr an der Vernunft meiner Wahrnehmungen zweifelte, sondern die Richtigkeit der Karten in Frage stellte. Diese Karten beantworten keine der Fragen, auf die es wirklich ankommt, sie zeigen nicht den Weg zu einer möglichen Antwort. Sie leugnen schon die Berechtigung der Fragen.

E. F. Schumacher

In: »A Guide for the Perplexed«, London 1977.

Ich vertraue darauf, daß Gott uns immer persönlich zu Erfahrungen führt, die er für uns zu machen wichtig und notwendig hält. Meine Sicherheit und Zuversicht, mich in Gott geborgen zu fühlen, ist mit dem Alter viel größer geworden. Während mein Glaube bislang immer mittelbar stattfand und sich meist mit der

Hand am Geländer kluger Erkenntnisse und Betrachtungen anderer vollzog, findet jetzt mein Verhältnis zu Gott in mir selbst und durch ein tiefes Miteinander mit meiner Frau statt, und ich erfahre das in dem Maß immer mehr, wie ich immer weniger Kluges darüber sagen oder formulieren kann. Für mich ist es schwieriger geworden, sich Gott zu nähern. Ich glaube aber, daß Gott sich uns nähert. Wir sind nicht die Aktiven.

Weil mir unsere Endlichkeit so deutlich geworden ist, empfinde ich die Welt von heute als glatter werdend. Wir unternehmen alles, um uns über unsere realen Gebrechen hinwegzutäuschen, wo doch die Liebe zum Nächsten immer notwendiger wird. Dieser Wettlauf der Verbesserungen und Innovationen darf uns nicht immun machen gegenüber dem Zweifel, der Ethik und dem Glauben an Gott, seine Liebe, seine Gnade und seinen Zorn. Der Machbarkeitswahn der heutigen Gesellschaft, dieses großspurige Gerede, dieses Gerechne, dieses Getue, müßte uns eigentlich eher zum Wort an den anderen, zum Zuhören, zur Hinwendung zu Gott führen. Das Gespräch Christi mit Nikodemus fand bekanntermaßen auch in der entlegenen Stille statt.

Die heutige offizielle Amtskirche scheint mir heute eher eine ethisch-moralische Anstalt mit Diplomatenhabitus zu sein, eine Sinnvermittlungsagentur ohne Gottsuche mit sehr begrenztem Annäherungswillen an Gotteserfahrung. Auch für die Amtskirche gilt die Demut. Und daran fehlt es ihr aus meiner Sicht. Demut heißt ja nichts anderes, als von sich absehen zu können, sich nicht zum Maßstab der Dinge zu machen und die Liebe zum Nächsten in ein Gleichmaß mit der Liebe zu sich selbst zu bringen. Wenn ich an die Kirche denke, scheint es mir manchmal so, als habe sie davor Angst. Wenn sie ihre Stimme erhebt, entfernt sie sich zu oft von ihrem Herzen und dem ihrer Gläubigen.

Werner Remmers

Politiker, geboren 1930; er erlitt am 4. November 1999 einen Schlaganfall; in: »Was bleibt, was wird«, Werner Remmers zum 70. Geburtstag, Gross Düngen, November 2000.

Wenn wir die Uhr noch mal zurückstellen könnten, würde ich die wirklich wichtigen Dinge noch mehr zur Priorität machen: Hinwendung zu Gott und Zuwendung zum Menschen, und noch mehr meine Mitmenschen zur großen GmbH ermutigen, zur »Gemeinschaft mit begründeter Hoffnung«.

Peter Hahne

Fernsehmoderator und Bestsellerautor, stellvertretender Leiter des ZDF-Hauptstadtstudios, Berlin; in einem Brief an den Autor vom 7. Mai 2001.

Wenn ich noch einmal leben dürfte – was würde ich anders machen, anders sehen oder ebenso machen? Mir den vorgegebenen Willen Gottes für mich zeigen zu lassen und ihm zu gehorchen – darauf kommt es an.

Heinrich VII. Prinz Reuss

Dr. iur. Bankdirektor, Oberhaching bei München, geboren 1927; in einem Brief an den Autor vom 11. Mai 1999.

Unser Leben ist nicht planlos und kein Zufallsprodukt. Unser Leben wird ein erfülltes sein, wenn wir diesen Plan erkennen und unsere Lebensführung daran orientieren. Darin verwirklicht sich auch unser Leben. Es ist also nicht Verwirklichung durch unsere Zielsetzungen und unsere Maßstäbe, sondern Gott verwirklicht und erfüllt es, indem wir seinen Willen tun.

Unter diesem Gesichtspunkt würde ich, wenn ich noch einmal anfangen könnte, noch konsequenter und mit größerer Sensibilität leben. Hier wäre noch weit mehr Stille nötig, als ich sie mir in meinem Leben gewährt habe.

Ich habe gelernt, daß ich nie an der Liebe Gottes zweifeln muß. Vielmehr möchte ich, anstatt an Gott zu zweifeln, mehr danken und vertrauen. Die Lebensverbindung zu Gott ist für mich das Wichtigste, demgegenüber alles andere nachgeordnet ist.

Es geht dabei nicht um eine Weltanschauung oder Ideologie, sondern eben um das Leben selbst. So sehe ich mein Leben –

auch durch Versagen hindurch – als Bereitung für das ewige Verbundensein mit Gott, ohne Einfluß destruktiver Kräfte, ohne Tränen, in Harmonie.

Dies ist ein knappes Resümee nach einem halben Jahrhundert des Lebens, das Erfahrungen von Höhen und Tiefen einschließt.

Dr. theol. Dr. phil. Paul Toaspern

Geboren 1924, Berlin-Hohenneuendorf; in einem Brief an den Autor vom November 1998.

Frage:
Warum hat Gott die Terrorattentate zugelassen?

Schwester Teresa:
Ich glaube nicht, daß wir Gott zur Rechenschaft ziehen dürfen. Wir müssen den Glauben wach halten, darauf vertrauen, daß Gott auch daraus Gutes werden läßt. Denken Sie an die große Solidarität rund um die Welt, selbst aus Rußland. Oder daran, daß viele Menschen jetzt zur Besinnung kommen. Sie merken, daß Macht und Reichtum keine Sicherheit bieten. Sicherheit gibt nur Gott.

Frage:
Hat sich Ihr Bild von Gott verändert?

Schwester Teresa:
Gott ist größer geworden. Die Attentate zeigen, was für eine Freiheit er den Menschen läßt – Freiheit auch zum Bösen. Es ist eine ganz große Freiheit, eine erschreckende Freiheit.

Frage:
Eine Zeitung schrieb unter das Bild des Attentäters Atta: »Terrorbestie – Wir wünschen Dir ewige Hölle.«

Schwester Teresa:
Solche Sätze sind schrecklich. Ich wünsche ihm nicht die Hölle. Von all den Bildern, die ich im Zusammenhang mit den Atten-

taten gesehen habe, hat mich dieses eine am meisten erschüttert: der Attentäter Mohamed Atta, aufgenommen von der Überwachungskamera des Flughafens. Er sah so arglos aus – wie ein harmloser Mensch.

Frage:
Beten Sie für die Attentäter?

Schwester Teresa:
Ja sicher. Mich hat sehr stutzig gemacht, was Mohamed Atta als Widmung in seine Diplomarbeit geschrieben hat: »Mein Gebet und meine Opferung und mein Leben und mein Tod gehören Allah, dem Herrn der Welten« – das ist ein Motto, das auch wir Ordensschwestern über unser Leben setzen könnten. Ich glaube ihm, daß er das ernst gemeint hat. Und das ist das Dämonische an seiner Tat. Das Böse ist nicht einfach das Gegenteil des Guten, es ist die Perversion des Guten, das fehlgeleitete Gute. Genau wie das Gute ist auch das Böse ein helles Licht. Aber es ist ein falsches Licht. Ein Licht, das blendet.

Schwester Teresa

Nonne des Ordens der Karmelitinnen, Hamburg, 62 Jahre; in: Max, »Gott ist größer geworden«, Nr. 21 vom 4. Oktober 2001, S. 35.

Eine von drei wichtigen Erfahrungen in meinem Leben hätte ich früher machen wollen, weil sie wesentliche Veränderungen in meinem Leben bewirkt hat.

1959 – ich war 34 Jahre alt – hörte ich, daß Christen ihren Glauben durch eine persönliche Entscheidung zu einer Lebensübergabe an Jesus Christus festigen und lebendig machen können. Weil mir das eingeleuchtet hat, habe ich das getan. Seitdem weiß ich, daß es stimmt: Jesus als Person und Gottessohn ist mein Herr.

Albrecht Fürst zu Castell-Castell

Privatbankier Castell/Unterfranken, geboren 1925; in einem Brief an den Autor vom 24. November 1998.

Wenn ich noch einmal leben könnte, würde ich viel früher mein Leben bewußt unter Gottes Führung stellen, denn im nachhinein stellte sich für mich klar heraus, daß dies eine große Weichenstellung bedeutete, durch die alles andere eine tiefere Dimension bekommen hat. Leider habe ich diesen Schritt sehr spät in meinem Leben getan. Wenn ich eine neue Chance hätte, dann wünschte ich mir, diese Entscheidung viel früher getan zu haben. Gern würde ich versuchen, gradliniger, konsequenter, kompromißloser meinen Weg zu gehen.

Christa von Hantelmann

Ehemalige Herausgeberin der Zeitschrift »Schöner Wohnen«, Hamburg, geboren 1928; in einem Brief an den Autor vom 15. März 1999.

Hoffnung

Wenn einst Blitz und Donner jagen
über arg zerfurchtes Land
wenn die Seelen Trauer tragen
liegt die Welt im letzten Brand.

Endlos werden Vögel fliegen
kreischend im Neutronenqualm
und die Weltenmeere sieden
Kontinente – sie zerfall'n.

Alle Menschen auf der Reise
in die vierte Dimension
der Planet wird wieder Waise
ohne Platz für Gottes Sohn.

Seelen kommen an die Schwelle
wo sich Spreu vom Weizen trennt
schmal der Weg zurück zur Quelle
mancher bleibt da wo es brennt.

Und aus jenem Treiben
fern von Raum und Zeit
wächst bei mir beim Schreiben
still die Hoffnung: Ewigkeit.

Eckhard Meier-Hardy

Mehr vom Ende als vom Anfang her denken

Unser Leben wird also einmal durch ein unvorstellbares Ereignis beendet sein. Angesichts dieser unverrückbaren Tatsache stelle ich mir häufig die Frage: Welches ist meinem gegenwärtigen Alter gemäß die weiseste Lebensform? Sobald ich mich mit dieser Wahrheit auseinandersetze, sobald ich nicht fitter erscheinen muß, als ich bin, sobald ich nicht jünger aussehen muß, als ich bin, sobald ich mich nicht schöner machen muß, als ich bin, sobald ich mit den oft an Lügen grenzenden Höflichkeiten wie: »Ach, wie jung sehen Sie heute wieder aus« aufhöre, stehe ich auf dem Boden der Wahrheit und gleichzeitig damit auf einer Basis, die Frieden ins Leben bringen kann. Diesen Frieden gönne ich auch meinen Kunden. Auf diesem Fundament ist es möglich, ein größtmögliches Kontingent an individueller Beratung zu vermitteln, denn nur eine wahrhaftige Beratung ist auch eine gute Beratung.

Das Konzept in meiner Unternehmensberatung geht von der Frage aus, wieviel Zeit ich noch vor mir habe und was ich am sinnvollsten mit dieser übrigbleibenden Zeit anfange. Diesen Denk- und Beratungsansatz kann man übrigens sogar mit einem modernen philosophischen Konzept hinterlegen, nämlich der Existenzphilosophie Martin Heideggers, in der das – wie er es in den 20er Jahren nannte – »Sein zum Tode« einen zentralen Ausgangspunkt darstellt. Die Suche der Existentialisten nach Authentizität und Echtheit kann unter unserer Leitfragestellung auch als eine Gegenbewegung zu der oben erwähnten Ablösung der Charakter-Ethik durch die Image-Ethik aufgefaßt werden. Lange vor Heidegger freilich hat bereits der Psalmist das memento mori in die einfachen Worte gefaßt: »Herr lehre uns bedenken, daß wir sterben, auf daß wir klug werden« (Psalm 90, 12).

Die Menschen gehen heute meist vollkommen unvorbereitet ins Älterwerden und Sterben. Sie verdrängen beide Themen und unterdrücken ihre Angst davor mit Tabletten oder anderen Mitteln, wie zum Beispiel Überbeschäftigung. Die Jahre unseres aktiven Schaffens sind aber gezählt. Es ist wichtig, daß wir uns diesen Tatbestand bewußtmachen und nicht verdrängen. Sich die Lebenszeit, die ablaufende Lebensuhr bewußtzumachen, ist mit Schmerz verbunden, führt aber auch in eine große Freiheit.

Ein Professor in den USA hat seine Studenten gebeten, eine Woche lang mit folgender Übung zu leben: »Nehmen Sie an, Sie hätten nur dieses eine Semester zu leben. Während dieses Semesters sollen Sie als Student an der Uni bleiben. Visualisieren Sie, wie Sie dieses Semester verbringen würden, und führen Sie über diese Zeit Tagebuch.«

Es tauchten plötzlich Werte auf, die vorher nicht einmal erkannt worden waren. Die Studenten schrieben plötzlich ihren Eltern, wie sehr sie sie liebten und schätzten. Sie versöhnten sich mit Geschwistern oder Freunden, zu denen die Beziehung schlecht geworden war. Das dominante Thema ihrer Aktivitäten waren Taten der Liebe. Gedanken der Rache und Anschuldigungen schmolzen, als sie daran dachten, daß sie nur noch kurz zu leben hatten. Werte wurden für jeden einzelnen viel klarer und deutlicher. Wenn Menschen ernsthaft versuchen zu identifizieren, worauf es in ihrem Leben in der Hauptsache ankommt, wer sie wirklich sein und was sie tun wollen, dann beginnen sie, in größeren Begriffen als heute und morgen zu denken.

Was für unser gesamtes Leben gilt, hat auch bei der Planung kurz- oder mittelfristiger Aktivitäten seine Gültigkeit. Wenn Sie keine Angst davor haben, bei der Planung Ihrer Vorhaben schon deren Ende ins Auge zu fassen, können Sie die einzelnen Schritte am Tag anders ausrichten und bewerten. Sie können die Ihnen zur Verfügung stehende Zeit souveräner füllen und Ihre Prioritäten besser bewerten. Es ist möglich, sehr viel zu erreichen und dabei im Grunde sehr wenig effektiv zu sein (vgl. Stephen R. Covey: Die sieben Wege zur Effektivität, München 1999). Wenn wir unser Ziel und unser

Ende vor Augen haben, können wir unsere Prioritäten jeden Tag auf das richten, worauf es ankommt.

Solange die ästhetische Distanz funktioniert, erscheint uns der Tod als Gast. Was passiert aber, wenn er näher kommt und dann mitten in unser Leben hineintritt? In unserer Gesellschaft fehlt letztlich die Grundlage zur Reifung und zur ausgewogenen Sicht der Dinge, solange der Tod permanent nur verdrängt wird. Die Schnelligkeit des menschlichen Verfalls tritt heute wesentlich krasser und nackter nach außen. Die immer kürzer gewordene Zeit, in der man beruflich aktiv sein kann, beschäftigt viele. Sie sind unfähig, darüber zu sprechen. Sie schämen sich. Die Folge unseres Denkens der Kurzfristigkeit richtet sich gegen uns selbst.

In einer Schweizer Fernsehsendung über meine Arbeit unter »ausgebrannten« Managern bat mich die Redakteurin der Sendung, die letzte Szene auf einem Friedhof zu drehen, da sie wußte, daß ich regelmäßig Beerdigungen neben meinem beruflichen Alltag abhalte. Ich tue dies, um mir auch zwischendurch immer wieder zu vergegenwärtigen, daß trotz aller Faszination meines Alltages auch meine Zeit begrenzt ist. Mir drängt sich dann auch immer die folgende Frage auf: Könnte ich die Trauernden auch nur andeutungsweise mit dem trösten, was mir vorher im Gespräch noch so dominant, lebensbejahend und fordernd entgegengekommen ist, als ich mit dem vor Leben und Ehrgeiz sprühenden Jungmanager sprach? Wie tragfähig sind die Fundamente unseres Lebensgebäudes angesichts der immer kürzer bemessenen Jahre, in denen unser Marktwert noch zählt?

Ein mir bis dahin unbekannter Unternehmensberater aus Zürich sah zufällig die Sendung, fotografierte die Szene vom Bildschirm ab und sandte mir die Photographie mit dem Kommentar darunter: »Unsere Friedhöfe sind voll von unentbehrlichen Managern«.

Johannes Czwalina

Mehr für die Kommenden als für die Gehenden

Wir sind aufgefordert, der kommenden Generation eine Gesellschaft zu hinterlassen, die es ihr erlaubt, in Würde zu leben. Wir machen uns wenige Gedanken darüber, daß wir gerade dabei sind, eine Welt zu schaffen ohne geborgene Plätze, ohne Ruheorte, ohne Inseln der Rekonvaleszenz. Die nächste Generation wird nicht in Würde leben können, wenn sie ständig rennen muß. Sie könnte eines Tages ohne Achtung auf ihre Eltern blicken, die ihr eine Welt hinterlassen haben, in der sie nicht mehr die Glücksquellen der Geborgenheit finden kann, wie es einige ihrer Eltern noch vermochten.

Ich kenne einige Väter und Mütter, die sogar sehr unglücklich sind, daß sie es nicht geschafft haben, ihre Kinder in dieser schnellebigen Zeit auf Erfolg zu trimmen. Ich möchte diesen Eltern den Satz eines Vaters entgegenhalten: »Der einzige, eindeutige Erfolg, den wir bei der Erziehung unserer Kinder in dieser unersättlichen Konsumgesellschaft verbuchen konnten, bestand darin, daß wir es nicht geschafft hatten, sie zum Erfolg zu erziehen.«

Es gibt junge Menschen, die dem Frust der Einseitigkeit als Kinder schon ausgesetzt waren. Ihre Lebensauffassung, ihre Hoffnung und ihr Glaube in Werte beeindruckt mich oft, denn sie weisen in die richtige Richtung, und sie lassen sich nicht mehr mit Argumenten der älteren Generation genügen wie: »Wir hatten damals keine andere Wahl, der Markt hat uns gezwungen, wir mußten Arbeitsplätze abbauen, damit später wieder für euch Jungen neue geschaffen werden können.« Sie haben keine Lust mehr, sich nach dem Muster ihrer Eltern durch Arbeit allein Anerkennung zu verschaffen und setzen ganz bewußt das Thema Lebensqualität auf ihre Prioritätenliste. Sie wollen, daß ihre eigenen Kinder sie nicht genauso vermissen werden, wie sie selbst ihre Eltern vermißt haben.

Während in der Vergangenheit Fragen der Wirtschaft das gesellschaftliche Klima bestimmten, so hoffe ich, daß durch die nachfolgende Generation eine Phase eingeleitet wird, die mehr von der Sinnfrage beherrscht und von der Faszination bestimmt sein wird, die aus diesem Fragekomplex entsteht. Jene Menschen und jene Eltern, die hierauf glaubwürdige, zukunftsweisende Antworten zu geben vermögen, werden davon profitieren.

Ich beschwere mich nicht über das, was mir auferlegt ist. Du kannst dir nicht denken, wie bereit ich bin, diese Prüfung zu tragen. Überhaupt ist es nicht die Gegenwart, die mich am meisten beschäftigt, vielmehr ist es die Zukunft. Das, was heute ist, ist ein Übergang.

Julius Leber

Geboren am 16. November 1891, ermordet am 5. Januar 1945 in Berlin Plötzensee, sozialdemokratischer Reichstagsabgeordneter; in einem Brief aus der Untersuchungshaft in Lübeck, 27. Juni 1933. Julius Leber pflegte Kontakte zum Kreisauer Kreis um Helmuth James Graf von Moltke.

Ich habe so von Herzen gerne Sport betrieben, daß selbst Entbehrungen in Freude übergingen. Diese Einstellung an andere Menschen weiterzugeben, vor allem der Jugend, und dadurch selbst aktiv zu bleiben, ist doch erstrebenswert. So würde ich, wenn ich noch einmal leben könnte, das wieder tun, das mir in meinem Leben Erfüllung brachte: Anderen, wenn sie es wollen, gerne das weiterzugeben, was für mein Leben von Bedeutung war.

Horst Eckel

Fußballspieler der deutschen Nationalmannschaft u.a. bei der Fußballweltmeisterschaft 1954 in Bern, geboren 1932; in einem Brief an den Autor vom 4. Oktober 1998.

Wenn ich noch einmal von vorne anfangen könnte, würde ich mir das gleiche wunderbare Elternhaus noch einmal wünschen. Ich würde mich wieder bemühen, einen Mann mit einer sensiblen, praktischen Intelligenz zu heiraten und mit ihm eine Großfamilie mit mindestens sechs Kindern gründen. Ich würde, bis die Kinder groß sind, mich hauptamtlich ihrer Erziehung widmen – bei gleichzeitiger intensiver Pflege meiner auf dem Studium aufbauenden Interessen sowie des Glaubens. Ich würde es mir zur Aufgabe machen, auch bei meinen Kindern, eine sehr differenzierte Glaubenserziehung in den Mittelpunkt zu stellen.

Dr. Christa Meves,

Kinder- und Jugendlichen-Psychotherapeutin, Uelzen, geboren 1925; in einem Brief an den Autor vom 27. September 1998.

Meinen Kindern wünsche ich, daß sie immer wissen, wie eine frisch gemähte Sommerwiese riecht. Auf einem Berg stehen und in die Weite schauen, über ein Weizenfeld streicheln oder am Meer die Brandung einsaugen.

Gaby Elsener

Tierpsychologische Beraterin, 35; aus einem Beitrag im Tagesanzeiger, Das Magazin Nr. 30, 29. Juli – 4. August 2000: »Die Werte der Schweiz«.

Ich möchte meinem Kind einen Stern mit auf den Weg geben, den es ansehen kann, wann immer es ihn braucht. Als Bild für einen Punkt, auf den man sich stets besinnen kann. Als etwas, das man nicht immer sieht, von dem man aber weiß, daß es ständig da ist – auch bei schlechtem Wetter. Einen festen Wert. Etwas, das einem Kraft geben soll, wenn man daran denkt.

Nadia Loosli

Grafikerin, 28; aus einem Beitrag im Tagesanzeiger, Das Magazin Nr. 30, 29. Juli – 4. August 2000: »Die Werte der Schweiz«.

Wenn ich noch einmal leben könnte, würde ich mich ganz früh darauf einzustellen versuchen, Politik für die Themen Bildung, Ausbildung, Erziehung, Vorbereitung auf die Zukunft zu machen, das also, was man heute am ehesten mit dem so wenig animierenden Wort »Schulpolitik« zu verbinden pflegt. Nicht also wie diesmal Umweltpolitik, Planungspolitik, Marketing, sondern die Frage, wie wir am besten mit unseren Kindern umgehen, damit sie und alle anderen die besten Zukunftsvoraussetzungen haben.

Dr. Volker Hassemer

Geschäftsführer der »Partner für Berlin GmbH«, geboren 1944; in einem Brief an den Autor vom 12. Oktober 1998.

Was für Batterien haben meine Kinder in sich? Reichen sie, um aufzubrechen zu dem, was sie noch nicht kennen? Sie brauchen volle Batterien, die für Lebenslust und Abenteuerlust sorgen. Das schließt nicht aus, daß sie auch erfahren, was das lustlose Leben ist, die Depression.

Ein Satz, den es nicht geben sollte, lautet: Da ist nichts zu machen! Wer nicht gefordert wird, schrumpft und wird unansehnlich. Man sollte ein Schleudergerät bauen, mit dem man die eigene Seele auf Abenteuerfahrt schickt.

Oft ist es so, daß die Geschichten der anderen dem eigenen Leben ein Tor oder zumindest ein Fenster aufreißen. Die schlimmste aller Welten wäre eine, in der keiner mehr dem anderen etwas erzählt und niemand mehr da wäre, der zuhört.

Iso Camartin

Schiftsteller und Kulturchef beim Schweizer Fernsehen, 56; aus einem Beitrag im Tagesanzeiger, Das Magazin Nr. 30, 29. Juli – 4. August 2000: »Die Werte der Schweiz«.

Sag' Dinge immer geradeheraus, auch wenn du damit nicht nur gute Erfahrungen machst. Das ist viel besser als Schweigen. Offenheit macht dich zu einem klaren Menschen. Bewahre dir dabei immer deinen Sinn für Humor und eine gewisse Lockerheit.

Wenn etwas nicht gelingt, dann probier' es halt noch ein zweites Mal.

Mischa Feigel

Privatchirurg, 39, drei Kinder; aus einem Beitrag im Tagesanzeiger, Das Magazin Nr. 30, 29. Juli – 4. August 2000: »Die Werte der Schweiz«.

Glaub an dich. Probier's! Denn sonst kann es dir passieren, daß du irgendwann an Sätzen hängenbleibst wie: »Hätte ich doch nur«. Oder: »Wie wäre es wohl gekommen, wenn ich gewagt hätte.« Und: »Was hätte ich nicht alles erreichen können?« Resigniert wirst du dich dann von dir abwenden.

Manchmal ist vielleicht sogar etwas Sturheit nützlich. Macht aber nichts! Weil du es sonst kaum schaffen wirst, jemals zu dir und damit zu deinem ganz persönlichen Weg Ja sagen zu können. Entscheide dich. Sei klar und eindeutig. Für dich und alle anderen. Natürlich wirst du dafür geradestehen müssen. Aber das darf dich nicht stören.

Martin von Aesch

Freier Texter, 50; aus einem Beitrag im Tagesanzeiger, Das Magazin Nr. 30, 29. Juli – 4. August 2000: »Die Werte der Schweiz«.

»Tu anderen nie etwas, was du selber nicht erträgst« und »Deine Freiheit hört dort auf, wo du die Freiheit deines Nächsten beeinträchtigst.«

Meine Kinder brauchen nicht nur schöne Grundsätze, sie brauchen vor allem Vorbilder.

Jutta Latella

Coiffeuse, 47, zwei Kinder; aus einem Beitrag im Tagesanzeiger, Das Magazin Nr. 30, 29. Juli – 4. August 2000: »Die Werte der Schweiz«.

Ich wünsche dir viele Erfahrungen von Liebe, Vertrauen, Geborgenheit und jemanden, der auf dich wartet, wenn du heimkommt. Jeder Mensch braucht das Wissen, daß jemand an ihn glaubt. Das bedeutet: die Dinge ehrlich sagen, zuhören, unterstützen und seine Fehler zugeben.

Hedwig Fischer

Mutter von acht Kindern, Großmutter von 15 Enkeln und vier Urenkeln, 84; aus einem Beitrag im Tagesanzeiger, Das Magazin Nr. 30, 29. Juli – 4. August 2000: »Die Werte der Schweiz«.

Träume nicht vom Leben, lebe deinen Traum. Klar braucht es einen Job und ein Einkommen. Aber es ist so schade, daß man dabei oft am Leben vorbei lebt, und so gehen Freundschaften und Beziehungen kaputt. Es ist so wichtig, zueinander zu stehen und nicht ständig zu denken, vielleicht kommt noch etwas Besseres um die Ecke.

Du mußt dir gegen den Zeittrend immer bewußtmachen, wie gut es uns geht. Zum Genießen gehören auch alle Rituale und die Freude an allem, was periodisch wiederkehrt, zum Beispiel der erste Sprung in den kalten See im Frühling. Die ganz schlimmen Menschen sind die Frustrierten. Vor denen mußt du dich in acht nehmen. Egal, was du machst, mach es mit Freude. Ja, und letztlich gehört zu einem guten Leben auch die Auseinandersetzung mit dem Tod.

Tara la Trash

Alias Luca Stefano Papini, 31; aus einem Beitrag im Tagesanzeiger, Das Magazin Nr. 30, 29. Juli – 4. August 2000: »Die Werte der Schweiz«.

Bestehen können? Oder doch eher glücklich sein, sich entfalten können? Zum Bestehen gehören vielleicht Selbstvertrauen, Selbstbehauptung, Ausdauer, Wille, vielleicht sogar Aggressivität. Zum Glücklichsein braucht es schon mehr: Respekt gegenüber dem Leben und den Lebewesen, Redlichkeit mit sich und anderen. Aber letztlich geht nichts ohne große Zuneigung, eben Liebe. Und all das ist doch keine Garantie, daß ein Kind bestehen kann.

Walter Ruegg

Direktor SR DRS, 53, ein Kind; aus einem Beitrag im Tagesanzeiger, Das Magazin Nr. 30, 29. Juli – 4. August 2000: »Die Werte der Schweiz«.

Der Glaube an Gott sei dein Fundament. Halte dich an die Gebote. Bildung sei dir wichtig, dabei sind Kopf, Herz und Hand aber gleichwertig. Familie und Freunde mögen dein Sicherheitsnetz bilden. Sei stolz auf den Bauernstand. Wirf kein Brot weg, und wenn du traurig bist, ist die Musik eine gute Trösterin.

Marie-Louise Gantenbein

Bäuerin, 36, vier Kinder; aus einem Beitrag im Tagesanzeiger, Das Magazin Nr. 30, 29. Juli – 4. August 2000: »Die Werte der Schweiz«.

Erdgeschichtlich sind wir Menschen noch nicht lange auf diesem Planeten. Benimm dich also wie ein Gast und treibe keinen Raubbau an der Natur. Vergiß die Liebe nicht, sie ist das Wichtigste überhaupt, nur für sie lohnt es sich zu kämpfen.

Joe Schuler

Taxiunternehmer, 45; aus einem Beitrag im Tagesanzeiger, Das Magazin Nr. 30, 29. Juli – 4. August 2000: »Die Werte der Schweiz«.

Du selbst, deine Erkenntnisse, deine Werte und Haltungen sind in Bewegung. Darum lebe, lerne dich kennen, betrachte deine Vergangenheit als Teil deines Lebensweges und werte nichts ab. So kannst du mit dir und mit anderen großzügig werden.

Dein Leben findet in Beziehungen statt. Sei sorgsam zu deiner Familie und deinen Freunden. Teile dich mit. Hüte dich aber vor

Abhängigkeiten und verdammenden Gottesbildern. Und frage dich ab und zu, was ist heute wichtig, wenn ich morgen sterbe.

Susanna Lüthi
Dipl. Erwachsenenbilderin; aus einem Beitrag im Tagesanzeiger, Das Magazin Nr. 30, 29. Juli – 4. August 2000: »Die Werte der Schweiz«.

Kindern wünscht man meist Dinge, die man selber nicht erreicht hat oder als Kind selber nicht hatte. Darum wünsche ich meinen Kindern die drei Nüsse von Aschenputtel – damit könnten sie sich selber was wünschen.

Kornelia Naraks
Studentin, 28; aus einem Beitrag im Tagesanzeiger, Das Magazin Nr. 30, 29. Juli – 4. August 2000: »Die Werte der Schweiz«.

Wenn ich mein eigenes Begräbnis mitbekommen würde und eines meiner Kinder das Wort ergreifen würde, dann würde ich mir wünschen, daß es mein Leben eher als eine Bereicherung durch Lehren, Übung und liebevolle Disziplin darstellen würde, als daß es die Narben, die die vielen Gefechte hinterließen, beschreiben würde.

Ich würde mir wünschen, daß sein Herz und sein Geist voller angenehmer Erinnerungen an gemeinsame tiefe und bedeutungsvolle Zeiten wären. Ich würde mir wünschen, daß es mich als liebender Vater in Erinnerung behält, der die Freunde und den Schmerz des Erwachsenwerdens mit ihm geteilt hat. Ich würde mir wünschen, daß es sich an die Momente erinnert, in denen es mit seinen Problemen und Fragen zu mir kam, in denen ich zugehört, ihm Liebe geschenkt und geholfen habe. Ich würde mir wünschen, daß es weiß, daß ich nicht vollkommen war, aber daß ich alles eingesetzt habe, was ich konnte. Und daß ich es, vielleicht mehr als sonst irgend jemanden auf der Welt, geliebt habe.

Der Grund dafür, daß ich mir solche Dinge wünschen würde, ist der, daß ich meine Kinder in meinem tiefsten Inneren schätze.

Ich liebe sie, ich möchte ihnen helfen. Ich mag meine Rolle als ihr Vater.

Aber ich sehe diese Werte nicht immer. Ich verheddere mich. Das Allerwichtigste wird unter Schichten von drückenden Problemen, unmittelbaren Anliegen und äußerem Verhalten verschüttet. Die Art, wie ich tagtäglich mit meinen Kindern umgehe, birgt oft wenig Ähnlichkeit mit dem, was ich tief innen für sie empfinde. Ich erkenne, daß das Skript, das ich lebe, nicht in Harmonie mit meinen Werten steht, daß mein Leben nicht das Produkt meines eigenen Entwurfs ist, sondern das Ergebnis der Phase des Entstehens, die ich den Umständen und anderen Menschen überlassen habe.

Stephen R. Covey

In: Die sieben Wege zur Effektivität, München 1999, S. 88.

Vor einigen Jahren fragte ich einen jungen Manager, dessen Potential ich für eine Führungsaufgabe testen mußte: »Was sind Ihre höchsten Ziele?« Er gab mir zur Antwort: »Ich sitze eines Tages als alter Mann vor meinem Haus auf der Terrasse. Ein kleines Mädchen kommt vorbei und fragt mich: ›Alter Mann, wozu hast Du gelebt?‹ Ich möchte ihm so antworten können, daß es nach der Begegnung weiterläuft und denkt: ›Es war für andere Menschen nicht egal, daß dieser Mensch gelebt hat‹.«

Johannes Czwalina

Autoren

Johannes Czwalina, geboren 1952 in Berlin, lebt seit 1973 in der Schweiz, wo er Theologie studierte. Nach seinem Studium arbeitet er zehn Jahre als Großstadtpfarrer, bevor er 1990 sein Institut, die Czwalina Consulting AG, in Riehen bei Basel gründete. Das Institut mit einem Team von Spezialisten konzentriert sich auf die Beratung von Führungskräften national wie international.

Johannes Czwalina ist Autor des Buches »Der Markt hat keine Seele – Zwischen Leistungsdruck und Lebensqualität«, das ebenfalls im F.A.Z.-Buchverlag erschienen ist.

Dr. Andreas Lukas ist Autor des Buches »Abschied von der Reparaturkultur – Selbsterneuerung durch ein neues Miteinander«, Frankfurt/Wiesbaden 1995, und Mitherausgeber des Jahrbuchs für Unternehmensberatung und Management »Consulting in Deutschland 2000«, »Consulting in Deutschland 2001« und »Consulting 2002«.

Der Maler

Franz Somm, geboren 1932, aufgewachsen in Sulgen, Thurgau. Nach seinem Chemiestudium war er lange Jahre als Farbchemiker in der Industrie tätig. Seine berufliche Arbeit hat Berührungspunkte mit seiner künstlerischen Tätigkeit als Aquarellist. Bestimmte im Labor gewonnene Kenntnisse beeinflußten die Entwicklung seiner Aquarelltechnik. Somms Werke sind regelmäßig in Ausstellungen zu sehen.

Danksagung

Mein besonderer Dank gilt meiner Frau Reinhild, die durch ihre Recherchen und redaktionelle Mitarbeit maßgeblich zum Entstehen dieses Buches beigetragen hat, sowie Herrn Dr. Andreas Lukas vom F.A.Z.-Buchverlag für seinen Artikel *Die Entdeckung der Langsamkeit oder die Wiedereroberung der Zeit* unter der Hauptüberschrift »Zeit«. Danken möchte ich in besonderem Maße zudem Franz Somm, der uns auch für dieses Buch eine Auswahl seiner Aquarelle zur Verfügung gestellt hat, und all den vielen, die durch ihre autobiographischen Beiträge diesem Buch die Richtung gewiesen haben. Mein Dank gilt ebenso Frau Danja Hetjens vom F.A.Z.-Buchverlag für ihre professionelle Korrektur.

Personenverzeichnis